El arte del marketing

marketing

Dominar las estrategias y técnicas
para el éxito empresarial

proporciona una guía completa para el mundo del marketing, que cubre temas esenciales como la comprensión del comportamiento del consumidor, la elaboración de estrategias de marketing, el aprovechamiento de los canales digitales y la construcción de relaciones a largo plazo con los clientes. Este libro también profundiza en la importancia de la narración de historias en marketing, la toma de decisiones basada en datos y las prácticas de marketing ético. Con un enfoque en las tendencias futuras, prepara a los lectores para adaptarse e innovar en un panorama de marketing en rápida evolución. Si usted es un empresario, profesional de marketing o estudiante, este libro lo equipa con el conocimiento y las habilidades para sobresalir en el arte del marketing.

Parte 4: Desarrollo de un plan de acción de marketing cohesivo

Capítulo 4: El poder de la narración de historias en marketing

Parte 1: La ciencia y el arte de contar historias

Parte 2: Elaborando la historia de tu marca

Parte 3: Integración de la narración de historias en las comunicaciones de marketing

Parte 4: Medición del impacto de la narración de historias en el éxito del marketing

Capítulo 5: Dominio del Marketing Digital

Parte 1: Optimización de motores de búsqueda y marketing

Parte 2: Marketing y publicidad en redes sociales

Parte 3: Marketing de contenidos y estrategias de inbound

Parte 4: Marketing por correo electrónico y automatización de marketing

Capítulo 6: Decisiones de marketing basadas en datos

Parte 1: Recopilación y análisis de datos de marketing

Capítulo 1: Fundamentos de Marketing

Parte 1: La mezcla de marketing: producto, precio, lugar y promoción

La mezcla de marketing es la base de cualquier estrategia de marketing exitosa. Consta de cuatro elementos clave, conocidos como las 4P: Producto, Precio, Lugar y Promoción. Cada uno de estos elementos juega un papel vital en la determinación del éxito general de una campaña de marketing. En esta parte, discutiremos cada una de las 4P y cómo trabajan juntas para crear una estrategia de marketing cohesiva.

1. Producto: El primer elemento en la mezcla de marketing es el producto en sí. Esto se refiere a los bienes o servicios físicos que una empresa ofrece a sus clientes objetivo. Un producto bien diseñado satisface las necesidades y deseos de su público objetivo, ofreciendo características y beneficios únicos que lo diferencian de los competidores. Para desarrollar un producto exitoso, los especialistas en marketing deben realizar una investigación de mercado exhaustiva para identificar las necesidades, preferencias y puntos débiles de los clientes.

2. Precio: El segundo elemento en la mezcla de marketing es el precio, que se refiere a la cantidad que un cliente está dispuesto a pagar por un producto o servicio. La estrategia de precios es crucial porque afecta directamente los ingresos, los márgenes de beneficio y el valor percibido de un producto. Los especialistas en marketing deben considerar factores como los costos de producción, la demanda del mercado y los precios de la competencia para establecer un precio óptimo que maximice la rentabilidad sin dejar de ser atractivo para los clientes.

3. Lugar: El tercer elemento en el marketing mix es el lugar, que se refiere a los canales de distribución utilizados para poner un producto o servicio a disposición de los clientes. El lugar abarca tanto las ubicaciones físicas donde se vende un producto, como las tiendas minoristas, como los canales digitales, como las plataformas de comercio electrónico. Una estrategia de distribución efectiva garantiza que los productos sean fácilmente accesibles y estén disponibles para los clientes objetivo, lo que en última instancia aumenta la probabilidad de una compra.

4. Promoción: El elemento final en el marketing mix es la promoción, que engloba todas

las actividades de comunicación de marketing dirigidas a crear conciencia, generar interés e impulsar las ventas. Las estrategias promocionales pueden incluir publicidad, relaciones públicas, marketing en redes sociales, marketing de contenidos y promociones de ventas. Una campaña promocional bien ejecutada ayuda a crear reconocimiento de marca, generar confianza y credibilidad, y estimular el compromiso del cliente.

En resumen, la mezcla de marketing es un marco crucial que ayuda a los especialistas en marketing a desarrollar e implementar estrategias de marketing exitosas. Al considerar cuidadosamente cada una de las 4P (producto, precio, lugar y promoción), los especialistas en marketing pueden crear un plan cohesivo que se alinee con sus objetivos comerciales generales y satisfaga las necesidades de sus clientes objetivo. Comprender la interacción entre estos elementos es clave para crear una estrategia de marketing sólida y efectiva que impulse el éxito empresarial.

Parte 2: Segmentación y segmentación del mercado

La segmentación del mercado y la orientación son componentes esenciales de cualquier estrategia de marketing exitosa. Estos procesos implican dividir un mercado en distintos grupos de consumidores con necesidades, preferencias y comportamientos similares, y luego enfocar los esfuerzos de marketing en aquellos segmentos que tienen más probabilidades de convertirse en clientes leales. En esta parte, discutiremos la importancia de la segmentación y orientación del mercado, así como los diversos métodos utilizados para identificar y llegar al público objetivo.

1. Importancia de la segmentación y orientación del mercado: La segmentación y la orientación permiten a las empresas identificar a sus clientes más valiosos, adaptar sus mensajes de marketing y ofertas de productos para satisfacer las necesidades específicas de estos clientes y asignar recursos de manera más eficiente. Al dirigirse a segmentos específicos, las empresas pueden lograr mayores ventas, una mejor retención de clientes y una mejor rentabilidad general.

2. Criterios para segmentar mercados: Los mercados se pueden segmentar en función de

varios factores, incluidas las características demográficas, geográficas, psicográficas y de comportamiento.

La segmentación demográfica implica dividir el mercado en función de características como la edad, el género, los ingresos, la educación y el tamaño de la familia.

- La segmentación geográfica se centra en la ubicación de los clientes, como su país, región o ciudad.

La segmentación psicográfica considera los estilos de vida, valores, actitudes e intereses de los consumidores.

La segmentación del comportamiento se basa en cómo los clientes usan o interactúan con un producto, sus hábitos de compra y su lealtad a la marca.

3. Identificación de segmentos objetivo: Después de segmentar el mercado, las empresas deben evaluar el atractivo y la viabilidad de cada segmento para determinar cuáles son los más valiosos y vale la pena apuntar. Los factores a considerar al evaluar los segmentos objetivo incluyen el tamaño del segmento, el potencial de crecimiento, la rentabilidad, el panorama competitivo y la alineación con los recursos y capacidades de la empresa.

4. Desarrollo de estrategias de segmentación: Una vez que se identifican los segmentos objetivo, las empresas deben desarrollar estrategias para llegar a estos clientes de manera efectiva. Hay cuatro estrategias principales de focalización a considerar:

Marketing indiferenciado (masivo): Este enfoque implica dirigirse a todo el mercado con un solo producto o mensaje de marketing, con el objetivo de atraer a la mayor audiencia posible.

Marketing diferenciado (segmentado): Esta estrategia implica dirigirse a múltiples segmentos con diferentes mensajes de marketing y ofertas de productos adaptadas a las necesidades únicas de cada segmento.

Marketing concentrado (nicho): Este enfoque se centra en un segmento de mercado único y bien definido con una oferta de productos especializados o un mensaje de marketing, que satisface las necesidades específicas de ese segmento.

- Micromarketing (marketing individualizado): este enfoque altamente personalizado implica adaptar los mensajes y productos de marketing a clientes individuales o segmentos pequeños y altamente específicos.

En conclusión, la segmentación del mercado y la orientación son pasos críticos en el desarrollo de una estrategia de marketing exitosa. Al comprender las necesidades y preferencias de los diferentes grupos de consumidores, las empresas pueden crear mensajes de marketing personalizados y ofertas de productos que resuenan con sus audiencias objetivo. Este enfoque enfocado conduce a campañas de marketing más efectivas, una mayor lealtad del cliente y, en última instancia, un mejor rendimiento comercial.

Parte 3: Posicionamiento y diferenciación

El posicionamiento y la diferenciación son aspectos cruciales de una estrategia de marketing exitosa. El posicionamiento se refiere al proceso de crear una posición única y ventajosa para un producto o marca en la mente de los clientes objetivo, mientras que la diferenciación implica establecer diferencias distintas entre un producto o marca y sus competidores. En esta parte, discutiremos la importancia del posicionamiento y la diferenciación, así como las estrategias que las empresas pueden utilizar para destacar en el mercado.

1. Importancia del posicionamiento y la diferenciación: En el mercado altamente competitivo de hoy, las empresas deben diferenciarse de los competidores para atraer y retener clientes. El posicionamiento y la diferenciación efectivos pueden conducir a un mayor reconocimiento de la marca, la lealtad del cliente y la cuota de mercado general. Al articular claramente una propuesta de valor única, las empresas pueden diferenciarse de sus competidores y crear una razón convincente para que los consumidores elijan sus productos o servicios.

2. Identificación de la propuesta de venta única (USP): Una propuesta de venta única (USP) es una declaración que articula los beneficios, características o cualidades clave de un producto o marca que lo diferencian de sus competidores. Para identificar un USP, las empresas deben considerar los siguientes factores:

- ¿Cuáles son las principales necesidades y deseos del mercado objetivo?

- ¿Qué características o beneficios únicos ofrece el producto o marca que satisfacen estas necesidades y deseos?

- ¿Cómo se compara el producto o marca con los competidores en términos de calidad, valor y experiencia del cliente?

- ¿Qué asociaciones emocionales o psicológicas se pueden crear para mejorar el atractivo del producto o la marca?

3. Estrategias de posicionamiento: Las empresas pueden emplear varias estrategias de posicionamiento para crear una posición única y ventajosa en la mente de los clientes objetivo. Algunas estrategias de posicionamiento comunes incluyen:

- Posicionamiento de atributos o beneficios: enfatizar una característica o beneficio específico del producto que lo diferencie de los competidores.

- Posicionamiento Precio o Calidad: Centrándose en ofrecer el precio más bajo o la calidad más alta del mercado.

- Posicionamiento de uso o aplicación: Destacar usos únicos o innovadores para un producto o servicio.

- Posicionamiento basado en la competencia: Diferenciar un producto o marca en función de cómo se compara con los competidores, ya sea superándolos u ocupando un nicho único en el mercado.

- Posicionamiento emocional o psicológico: Crear conexiones emocionales con los consumidores a través de la marca, la narración de historias o los valores compartidos.

4. Comunicar el posicionamiento: Una vez que se ha desarrollado una estrategia de posicionamiento, debe comunicarse de manera efectiva a los clientes objetivo. Esto se puede lograr a través de varios canales de marketing, como publicidad, relaciones públicas, redes sociales, marketing de contenidos y diseño de envases. La consistencia es clave a la hora de comunicar el posicionamiento, ya que ayuda a reforzar la posición única de la marca en la mente de los consumidores y a generar confianza y credibilidad a lo largo del tiempo.

En resumen, el posicionamiento y la diferenciación son elementos esenciales de una estrategia de marketing exitosa. Al identificar una propuesta de venta única e implementar estrategias de posicionamiento efectivas, las empresas pueden crear una identidad de marca fuerte y distinta que resuene con los clientes objetivo. Esto, a su vez, puede conducir a un mayor reconocimiento de marca, lealtad del cliente y cuota de mercado, lo que en última instancia impulsa el éxito empresarial.

Parte 4: Construyendo una fuerte identidad de marca

Una fuerte identidad de marca es vital para el éxito de cualquier estrategia de marketing. La identidad de marca se refiere a los elementos visuales, verbales y emocionales que definen cómo una empresa se presenta al mundo y se distingue de los competidores. En esta parte, discutiremos la importancia de una identidad de marca fuerte y proporcionaremos pautas para construir y mantener una imagen de marca consistente y convincente.

1. Importancia de una identidad de marca fuerte: Una identidad de marca fuerte ayuda a las empresas a destacarse en un mercado abarrotado, crear una impresión duradera en los consumidores y fomentar la lealtad del cliente. También ayuda a transmitir los valores, la misión y la propuesta de venta única de la empresa, al tiempo que genera confianza y credibilidad con el público objetivo.

2. Elementos de la identidad de marca: La identidad de marca consta de varios elementos clave, que incluyen:

- Logotipo: Un símbolo o diseño único y reconocible que representa a la empresa y es fácilmente identificable por los consumidores.

Paleta de colores: Un conjunto consistente de colores utilizados en todos los materiales de marketing y puntos de contacto para crear una imagen de marca cohesiva.

- Tipografía: La selección y el uso consistente de fuentes para transmitir la personalidad y el estilo de la marca.

- Imágenes: elementos visuales como fotografías, ilustraciones y gráficos utilizados para transmitir el mensaje de la marca y crear una conexión emocional con los consumidores.

- Tono de voz: El estilo verbal consistente y la personalidad utilizada en todas las comunicaciones escritas y habladas.

3. Desarrollo de una identidad de marca: Para crear una identidad de marca fuerte, las empresas deben seguir estos pasos:

- Definir los valores fundamentales de la marca: Identificar las creencias y principios fundamentales que guían a la empresa y sustentan su propósito.

- Determinar el público objetivo: Definir claramente el perfil ideal del cliente, considerando las características demográficas, psicográficas y de comportamiento.

- Elaborar una propuesta de venta única (USP): articular las características o beneficios clave que diferencian a la marca de los competidores y la hacen atractiva para el público objetivo.

- Desarrollar una personalidad de marca: Determine las características y rasgos que la marca debe encarnar, como amigable, autoritario o innovador.

- Crear una identidad visual: diseñe un logotipo, elija una paleta de colores y seleccione tipografía e imágenes que reflejen la personalidad y los valores de la marca.

4. Mantener la consistencia de la marca: Para construir una identidad de marca sólida, las empresas deben mantener la coherencia en todos los canales de marketing y puntos de contacto. Esto incluye usar el mismo logotipo, paleta de colores, tipografía, imágenes y tono de voz en todas las comunicaciones y garantizar que los valores fundamentales de la marca y USP se comuniquen de manera consistente. La consistencia ayuda a reforzar la identidad de la marca en la mente de los consumidores, generando confianza y credibilidad a lo largo del tiempo.

En conclusión, construir una identidad de marca fuerte es un aspecto crucial de una estrategia de marketing exitosa. Al definir los valores centrales de la marca, el público objetivo y la propuesta de venta única, y desarrollar una identidad visual y verbal consistente, las empresas pueden crear una impresión duradera en los consumidores y diferenciarse de los competidores. Una fuerte identidad de marca fomenta la lealtad, la confianza y la credibilidad del cliente, lo que en última instancia impulsa el éxito empresarial.

Capítulo 2: Comprender el comportamiento del consumidor

Parte 1: El proceso de toma de decisiones del consumidor

Comprender el comportamiento del consumidor es esencial para crear estrategias de marketing efectivas. El proceso de toma de decisiones del consumidor implica la serie de pasos por los que pasan los consumidores al decidir comprar un producto o servicio. En esta parte, discutiremos las etapas del proceso de toma de decisiones del consumidor y exploraremos los factores que influyen en las elecciones del consumidor.

1. Etapas del proceso de toma de decisiones del consumidor: El proceso de toma de decisiones del consumidor generalmente consta de cinco etapas:

- Reconocimiento de problemas: El consumidor se da cuenta de que tiene una necesidad o deseo insatisfecho, lo que le lleva a buscar una solución.

- Búsqueda de información: El consumidor recopila información sobre posibles productos o servicios que pueden satisfacer su necesidad o deseo. Esto puede implicar buscar en línea, buscar recomendaciones de amigos o visitar tiendas.

- Evaluación de Alternativas: El consumidor

compara los diferentes productos o servicios disponibles, considerando factores como precio, calidad, características y reputación de marca.

- Decisión de compra: El consumidor selecciona el producto o servicio que mejor se adapte a sus necesidades y deseos y procede con la compra.

- Comportamiento posterior a la compra: Después de la compra, el consumidor evalúa el producto o servicio en función de su satisfacción con su rendimiento, influyendo en última instancia en las futuras decisiones de compra y la lealtad a la marca.

2. Factores que influyen en el comportamiento del consumidor: Una variedad de factores pueden influir en el proceso de toma de decisiones del consumidor, incluyendo:

Factores personales: Estos incluyen características individuales como edad, género, personalidad, estilo de vida e ingresos.

Factores psicológicos: Estos abarcan procesos cognitivos como la motivación, la percepción, el aprendizaje y las actitudes, que dan forma a cómo los consumidores interpretan y responden a los mensajes de marketing.

Factores sociales: Estos implican la influencia de la familia, los amigos, los grupos sociales y las normas culturales en las elecciones de los consumidores.

Factores situacionales: Se refieren a circunstancias o contextos específicos que pueden afectar el comportamiento del consumidor, como las limitaciones de tiempo, el estado de ánimo o el entorno físico.

3. Implicaciones para el marketing: Comprender el proceso de toma de decisiones del consumidor y los factores que influyen en él permite a los especialistas en marketing desarrollar estrategias de marketing más efectivas. Al identificar las necesidades y deseos de su público objetivo y los factores que influyen en sus elecciones, los especialistas en marketing pueden crear mensajes de marketing personalizados y ofertas de productos que resuenen con los consumidores. Además, los especialistas en marketing pueden usar esta comprensión para diseñar campañas de marketing que guíen a los consumidores a través de cada etapa del proceso de toma de decisiones, impulsando en última instancia las ventas y fomentando la lealtad a la marca.

En resumen, el proceso de toma de decisiones del consumidor es un aspecto crucial para comprender el comportamiento del consumidor. Al reconocer las etapas del proceso y los factores que influyen en las elecciones de los consumidores, los especialistas en marketing pueden desarrollar estrategias de marketing dirigidas que resuenen con su audiencia e impulsen el éxito empresarial. Obtener información sobre el proceso de toma de decisiones del consumidor permite a las empresas crear mensajes de marketing más convincentes, adaptar las ofertas de productos para satisfacer las necesidades de los consumidores y, en última instancia, cultivar relaciones duraderas con los clientes.

Parte 2: Factores psicológicos que influyen en las elecciones del consumidor

Los factores psicológicos juegan un papel importante en la configuración de las elecciones y el comportamiento de los consumidores. Estos factores abarcan procesos cognitivos y estados mentales que afectan la forma en que los consumidores perciben, interpretan y responden a los estímulos de marketing. En esta parte, discutiremos los factores psicológicos clave que influyen en las elecciones de los consumidores y sus implicaciones para las estrategias de marketing.

1. Motivación: La motivación se refiere al impulso o deseo interno que impulsa a los consumidores a tomar medidas, como comprar un producto o servicio. Los consumidores tienen varias necesidades y deseos que motivan su comportamiento, que van desde necesidades fisiológicas básicas (por ejemplo, hambre) hasta necesidades psicológicas de nivel superior (por ejemplo, autoestima). Los especialistas en marketing pueden aprovechar estos impulsores motivacionales mediante la creación de mensajes de marketing y ofertas de productos que aborden las necesidades y deseos específicos de los consumidores.

2. Percepción: La percepción es el proceso a través del cual los consumidores interpretan y dan sentido a la información que reciben del mundo que los rodea. Factores como la atención selectiva, la distorsión selectiva y la retención selectiva pueden influir en cómo los consumidores perciben los mensajes de marketing y forman opiniones sobre productos o marcas. Para garantizar que sus mensajes de marketing se perciban de manera efectiva, los especialistas en marketing deben crear contenido claro, conciso y convincente que se destaque de la competencia y se alinee con las creencias y expectativas de los consumidores.

3. Aprendizaje: El aprendizaje se refiere al proceso a través del cual los consumidores adquieren conocimientos, habilidades y actitudes basadas en sus experiencias y exposición a estímulos de marketing. El aprendizaje puede ocurrir a través de la experiencia directa, la observación o el condicionamiento, y puede moldear las preferencias, hábitos y lealtad a la marca de los consumidores. Los especialistas en marketing pueden facilitar el aprendizaje al proporcionar a los consumidores experiencias atractivas, informativas y memorables, así como aprovechar la repetición y el refuerzo para fortalecer las asociaciones de marca.

4. Memoria: La memoria implica el almacenamiento y la recuperación de información, lo que puede influir en los procesos de toma de decisiones de los consumidores y el comportamiento futuro. Factores como los efectos de primacía y actualidad, así como el nivel de procesamiento, pueden afectar la facilidad con que los consumidores recuerdan los mensajes de marketing y la información del producto. Para mejorar la retención de la memoria, los especialistas en marketing deben crear mensajes de marketing memorables y experiencias de productos que se procesen y codifiquen fácilmente en la memoria a largo plazo.

5. Actitudes: Las actitudes son las evaluaciones mentales, sentimientos y creencias que los consumidores tienen hacia los productos, marcas o mensajes de marketing. Las actitudes están influenciadas por componentes cognitivos, afectivos y conductuales y pueden desempeñar un papel importante en la configuración de las preferencias del consumidor y las decisiones de compra. Los especialistas en marketing pueden influir en las actitudes de los consumidores creando mensajes de marketing persuasivos, apelando a las emociones de los consumidores y proporcionando experiencias positivas de productos.

En conclusión, comprender los factores psicológicos que influyen en las elecciones de los consumidores es crucial para crear estrategias de marketing efectivas. Al considerar el papel de la motivación, la percepción, el aprendizaje, la memoria y las actitudes, los especialistas en marketing pueden desarrollar mensajes de marketing dirigidos y ofertas de productos que resuenen con los consumidores e impulsan los comportamientos deseados. Al aprovechar estos factores psicológicos, los especialistas en marketing pueden mejorar la efectividad de sus campañas de marketing, fomentar relaciones sólidas entre el consumidor y la marca y, en última instancia, impulsar el éxito empresarial.

Parte 3: Influencias sociales y culturales en el comportamiento del consumidor

Los factores sociales y culturales tienen un impacto significativo en el comportamiento del consumidor, dando forma a las elecciones que hacen los consumidores y las preferencias que desarrollan. Estas influencias provienen de diversas fuentes, incluyendo familiares, amigos, grupos sociales y normas culturales. En esta parte, discutiremos las influencias sociales y culturales clave en el comportamiento del consumidor y sus implicaciones para las estrategias de marketing.

1. Familia y amigos: La familia y los amigos pueden influir en el comportamiento del consumidor a través de sus recomendaciones, opiniones y experiencias compartidas. Los consumidores a menudo buscan el consejo de su círculo social cercano al tomar decisiones de compra, haciendo del marketing de boca en boca y las referencias una herramienta poderosa para las empresas. Los especialistas en marketing pueden aprovechar la influencia de familiares y amigos alentando a los clientes satisfechos a compartir sus experiencias y recomendar productos o servicios a otros.

2. Grupos sociales y grupos de referencia: Los grupos sociales, como los grupos de pares,

las asociaciones profesionales y los clubes, también pueden moldear el comportamiento del consumidor al establecer normas, valores y expectativas grupales. Los grupos de referencia, que son grupos a los que las personas aspiran o con los que se identifican, pueden influir en las elecciones de productos y preferencias de marca de los consumidores. Para atraer a grupos sociales y de referencia específicos, los especialistas en marketing pueden crear mensajes de marketing dirigidos que resuenen con los valores y aspiraciones de estos grupos, así como colaborar con miembros influyentes del grupo o embajadores.

3. Clase social: La clase social, definida por factores como los ingresos, la educación y la ocupación, puede influir en el poder adquisitivo de los consumidores, las preferencias de productos y la lealtad a la marca. Las diferentes clases sociales a menudo tienen distintos patrones de consumo, preferencias y valores, lo que puede afectar su respuesta a los mensajes de marketing y las ofertas de productos. Los especialistas en marketing pueden adaptar sus estrategias de marketing para atraer a clases sociales específicas al comprender y abordar sus necesidades, deseos y preferencias únicas.

4. Cultura y subcultura: La cultura se refiere a las creencias, valores, costumbres y comportamientos compartidos de un grupo o sociedad en particular, mientras que la subcultura abarca las distintas creencias y comportamientos de grupos más pequeños dentro de una cultura más grande. Los factores culturales y subculturales pueden influir significativamente en las actitudes, preferencias y patrones de consumo de los consumidores. Para atender a los diversos grupos culturales y subculturales, los especialistas en marketing pueden crear mensajes de marketing culturalmente sensibles, ofrecer productos y servicios que se alineen con valores culturales específicos y adaptar sus estrategias de marketing para adaptarse a los matices y preferencias culturales.

5. Líderes de opinión e influencers: Los líderes de opinión y personas influyentes son individuos que tienen un impacto significativo en las opiniones y comportamientos de los demás debido a su experiencia percibida, carisma o estatus social. Estas personas pueden moldear el comportamiento del consumidor respaldando productos, compartiendo sus experiencias u ofreciendo consejos. Los especialistas en marketing pueden colaborar con líderes de opinión y personas influyentes para promocionar sus productos o

servicios, aprovechando su credibilidad y alcance para influir en las elecciones de los consumidores.

En conclusión, comprender las influencias sociales y culturales en el comportamiento del consumidor es crucial para crear estrategias de marketing efectivas. Al considerar el impacto de la familia y los amigos, los grupos sociales y de referencia, la clase social, la cultura y la subcultura, y los líderes de opinión y personas influyentes, los especialistas en marketing pueden desarrollar mensajes de marketing dirigidos y ofertas de productos que resuenen con su audiencia e impulsen los comportamientos deseados. Al aprovechar estos factores sociales y culturales, los especialistas en marketing pueden mejorar la efectividad de sus campañas de marketing, fomentar relaciones sólidas entre el consumidor y la marca y, en última instancia, impulsar el éxito empresarial.

Parte 4: Aprovechar los conocimientos del consumidor para un marketing eficaz

Los conocimientos del consumidor, o la comprensión profunda de las necesidades, preferencias y motivaciones de los consumidores, son invaluables para desarrollar estrategias de marketing efectivas. Al aprovechar estos conocimientos, los especialistas en marketing pueden crear mensajes de marketing dirigidos, ofertas de productos y experiencias de clientes que resuenen con su audiencia e impulsan los comportamientos deseados. En esta parte, discutiremos cómo aprovechar los conocimientos del consumidor para un marketing efectivo.

1. Realización de estudios de mercado: La investigación de mercado es esencial para obtener información del consumidor y comprender las necesidades, preferencias y motivaciones del público objetivo. Se pueden emplear varios métodos de investigación, como encuestas, entrevistas, grupos focales y estudios observacionales, para recopilar datos sobre el comportamiento del consumidor. Además, los especialistas en marketing pueden analizar datos secundarios, como informes de la industria y tendencias de redes sociales, para obtener información sobre las preferencias de los

consumidores y las tendencias de los mercados emergentes.

2. Desarrollo de personas de clientes: Las personas de clientes son representaciones ficticias del público objetivo, creadas en base a los conocimientos del consumidor recopilados de la investigación de mercado. Al desarrollar personas detalladas de los clientes, los especialistas en marketing pueden obtener una comprensión más profunda de las necesidades, preferencias y motivaciones de su audiencia, lo que les permite crear mensajes de marketing personalizados y ofertas de productos que resuenan con su audiencia.

3. Crear estrategias de segmentación: La segmentación implica dividir al público objetivo en grupos más pequeños y homogéneos en función de características compartidas, como datos demográficos, psicografía o comportamiento. Al aprovechar los conocimientos del consumidor para crear estrategias de segmentación efectivas, los especialistas en marketing pueden desarrollar campañas de marketing dirigidas y ofertas de productos que satisfagan las necesidades y preferencias únicas de cada segmento, impulsando en última instancia el compromiso y las ventas.

4. Personalización de mensajes de marketing: La personalización implica adaptar los mensajes de marketing y las experiencias de los clientes para satisfacer las necesidades y preferencias individuales de cada consumidor. Al aprovechar los conocimientos del consumidor para personalizar los mensajes de marketing, los especialistas en marketing pueden crear contenido más relevante y atractivo que resuene con su audiencia, lo que en última instancia aumenta la probabilidad de conversión y fomenta la lealtad del cliente.

5. Mejorar el desarrollo de productos: Los conocimientos del consumidor también pueden informar el desarrollo de productos al identificar necesidades, preferencias y puntos débiles no satisfechos dentro del mercado objetivo. Al incorporar estos conocimientos en el diseño y desarrollo de productos, los especialistas en marketing pueden crear productos que satisfagan mejor las necesidades de su audiencia, se diferencien de los competidores y, en última instancia, impulsen las ventas.

6. Monitoreo y adaptación: Las preferencias y comportamientos de los consumidores están en constante evolución, por lo que es esencial que los especialistas en marketing monitoreen y adapten

continuamente sus estrategias de marketing basadas en las ideas emergentes del consumidor. Al mantenerse al tanto de los cambios en el comportamiento del consumidor y las tendencias del mercado, los especialistas en marketing pueden ajustar sus mensajes de marketing, ofertas de productos y experiencias de los clientes para seguir siendo relevantes y efectivos.

En conclusión, aprovechar los conocimientos del consumidor es crucial para desarrollar estrategias de marketing efectivas que resuenen con el público objetivo e impulsen los comportamientos deseados. Al realizar estudios de mercado, desarrollar personas de clientes, crear estrategias de segmentación, personalizar mensajes de marketing, mejorar el desarrollo de productos y monitorear y adaptarse a los cambios en el comportamiento del consumidor, los especialistas en marketing pueden crear campañas de marketing convincentes que fomenten relaciones sólidas entre el consumidor y la marca y, en última instancia, impulsen el éxito empresarial.

Capítulo 3: Elaboración de una estrategia de marketing convincente

Parte 1: Establecer objetivos de marketing claros

Una estrategia de marketing convincente comienza con el establecimiento de objetivos de marketing claros que se alinean con los objetivos comerciales generales. Estos objetivos sirven como una hoja de ruta para las actividades de marketing y ayudan a medir la efectividad de la estrategia. En esta parte, discutiremos la importancia de establecer objetivos de marketing claros y proporcionaremos orientación sobre cómo establecerlos.

1. Importancia de los objetivos de marketing: Los objetivos de marketing son esenciales por varias razones:

- Dirección: Los objetivos claros proporcionan dirección para las actividades de marketing, asegurando que los recursos se asignen de manera efectiva y que los esfuerzos de marketing se centren en lograr resultados específicos.

- Alineación: Los objetivos aseguran que las actividades de marketing se alineen con los objetivos comerciales generales, apoyando la visión estratégica más amplia de la empresa.

Medición: Al establecer objetivos medibles, los especialistas en marketing pueden realizar un seguimiento del progreso y el éxito de sus esfuerzos de marketing, lo que facilita la identificación de áreas de mejora y el ajuste de la estrategia en consecuencia.

2. Características de los objetivos de marketing efectivos: Para ser efectivos, los objetivos de marketing deben ser:

- Específicos: Los objetivos deben ser precisos y claramente definidos, proporcionando una comprensión clara de lo que los esfuerzos de marketing pretenden lograr.

- Medible: Los objetivos deben ser cuantificables, permitiendo a los especialistas en marketing realizar un seguimiento del progreso y evaluar la eficacia de la estrategia.

- Alcanzable: Los objetivos deben ser realistas y alcanzables, teniendo en cuenta los recursos disponibles, las condiciones del mercado y la competencia.

- Relevante: Los objetivos deben alinearse con los objetivos comerciales generales y ser relevantes para el público objetivo y el mercado.

- Límite de tiempo: Los objetivos deben tener un cronograma específico, creando un sentido de urgencia y permitiendo a los especialistas en marketing evaluar el éxito de la estrategia dentro de un marco de tiempo establecido.

3. Establecer objetivos de marketing: Para establecer objetivos de marketing efectivos, considere los siguientes pasos:

- Revisar los objetivos comerciales generales e identificar cómo el marketing puede apoyar estos objetivos. Esto puede implicar aumentar el conocimiento de la marca, impulsar las ventas o mejorar la retención de clientes.

- Realizar estudios de mercado para obtener información sobre el público objetivo, la competencia y las tendencias del mercado. Esta información ayudará a informar los objetivos de marketing y garantizar que sean relevantes y alcanzables.

- Identificar metas específicas y medibles para cada objetivo de marketing. Estos pueden incluir métricas como el tráfico del sitio web, la participación en las redes sociales, la generación de clientes potenciales o los ingresos por ventas.

- Establecer un cronograma para lograr los objetivos, estableciendo metas a corto y largo plazo que se alineen con la estrategia general del negocio.

- Comunicar los objetivos de marketing al equipo de marketing y a las partes interesadas relevantes, asegurando que todos estén alineados y trabajando hacia los mismos objetivos.

En resumen, establecer objetivos de marketing claros es un primer paso esencial para elaborar una estrategia de marketing convincente. Al establecer objetivos específicos, medibles, alcanzables, relevantes y con plazos determinados, los especialistas en marketing pueden crear un plan de marketing enfocado y efectivo que se alinee con los objetivos comerciales generales, impulse los resultados deseados y fomente el éxito a largo plazo.

Parte 2: Análisis de oportunidades y amenazas de mercado

Un análisis exhaustivo de las oportunidades y amenazas del mercado es crucial para elaborar una estrategia de marketing exitosa. Al comprender los factores externos que pueden afectar positiva o negativamente al negocio, los especialistas en marketing pueden tomar decisiones informadas y adaptar sus esfuerzos de marketing para capitalizar las oportunidades y mitigar los riesgos. En esta parte, discutiremos la importancia de analizar las oportunidades y amenazas del mercado y proporcionaremos orientación sobre cómo realizar este análisis.

1. Importancia del análisis de mercado: Realizar un análisis exhaustivo del mercado es esencial por varias razones:

Identificación de oportunidades: Al analizar el mercado, los especialistas en marketing pueden descubrir oportunidades sin explotar que pueden impulsar el crecimiento del negocio, como tendencias emergentes, brechas de mercado o nuevos segmentos objetivo.

Reconocer amenazas: El análisis de mercado también ayuda a identificar riesgos y desafíos potenciales, como el aumento de la competencia, las preferencias cambiantes de los consumidores o los cambios regulatorios, lo que permite a las empresas prepararse y adaptarse en consecuencia.

Estrategia de orientación: Un análisis exhaustivo del mercado informa la estrategia de marketing, ayudando a las empresas a priorizar sus esfuerzos, asignar recursos de manera efectiva y adaptar sus mensajes de marketing y ofertas de productos a las necesidades y preferencias del mercado.

2. Realización de análisis de mercado: Para analizar las oportunidades y amenazas del mercado, considere los siguientes pasos:

Descripción general de la industria: comience evaluando el panorama general de la industria, incluido el tamaño del mercado, las tendencias de crecimiento, los actores clave y los factores específicos de la industria que pueden afectar el negocio.

Análisis de la competencia: Analizar la competencia, examinando su cuota de mercado, ofertas de productos, estrategias de marketing, fortalezas y debilidades. Identificar posibles ventajas competitivas que se pueden aprovechar para diferenciar el negocio.

- Análisis del consumidor: Estudia al público objetivo, explorando sus necesidades, preferencias, puntos débiles y motivaciones. Identifique cualquier necesidad no satisfecha o brechas de mercado que la empresa pueda abordar.

Tendencias del mercado: Examine las tendencias actuales y emergentes del mercado que pueden crear oportunidades o amenazas, como avances tecnológicos, cambios en el comportamiento del consumidor o cambios en el entorno económico o regulatorio.

3. Utilización del análisis de mercado en la estrategia de marketing:

- Capitalizar las oportunidades: Utilice los conocimientos obtenidos del análisis de mercado para identificar y priorizar los esfuerzos de marketing que explotan las oportunidades del mercado. Esto puede implicar apuntar a nuevos segmentos de mercado, abordar necesidades no satisfechas o adaptar ofertas de productos para capitalizar las tendencias emergentes.

Mitigar las amenazas: Desarrollar estrategias para abordar las amenazas identificadas, como mejorar la oferta de productos, mejorar los mensajes de marketing o ajustar las estrategias de precios para seguir siendo competitivos.

- Diferenciarse de los competidores: Aproveche el análisis de la competencia para diferenciar el negocio de sus rivales, destacando puntos de venta únicos, apuntando a segmentos de mercado desatendidos o posicionando la marca para atraer a las preferencias específicas de los consumidores.

En conclusión, analizar las oportunidades y amenazas del mercado es un paso crítico en la elaboración de una estrategia de marketing convincente. Al realizar un análisis exhaustivo del mercado, los especialistas en marketing pueden identificar y priorizar oportunidades, reconocer y abordar los riesgos potenciales y diferenciar su negocio de la competencia. Este proceso finalmente conduce al desarrollo de una estrategia de marketing que se adapta a las necesidades y preferencias del mercado, mejorando las posibilidades de éxito del negocio.

Parte 3: Evaluación de la ventaja competitiva

Una ventaja competitiva es una característica o característica única que permite a una empresa superar a sus competidores. Identificar y aprovechar estas ventajas es crucial para desarrollar una estrategia de marketing efectiva que diferencie el negocio en el mercado y atraiga clientes. En esta parte, discutiremos la importancia de evaluar la ventaja competitiva y proporcionaremos orientación sobre cómo identificar y aprovechar estas ventajas en la estrategia de marketing.

1. Importancia de la ventaja competitiva: Una ventaja competitiva es esencial por varias razones:

- Diferenciación: Una ventaja competitiva ayuda a una empresa a diferenciarse de sus competidores al ofrecer un valor único a los clientes.

- Atracción de clientes: Al destacar una ventaja competitiva, las empresas pueden atraer clientes que buscan específicamente los beneficios únicos que ofrece la empresa.

Rentabilidad: Una ventaja competitiva puede impulsar la rentabilidad al permitir que una empresa cobre una prima por su oferta única o al atraer una mayor cuota de mercado.

- Posición en el mercado: Una fuerte ventaja

competitiva puede solidificar la posición de una empresa en el mercado y crear una barrera de entrada para los competidores potenciales.

2. Identificación de ventajas competitivas: Para identificar ventajas competitivas, considere los siguientes factores:

- Características del producto o servicio: evalúe los atributos únicos de la oferta de productos o servicios, como la calidad, la funcionalidad, el diseño o la innovación.

- Reputación de marca: evalúe la reputación de la marca, incluido el conocimiento de la marca, la lealtad del cliente y la calidad o el valor percibido.

- Servicio al cliente: Analice el nivel de servicio al cliente proporcionado, como la capacidad de respuesta, la personalización o el soporte postventa.

- Canales de distribución: Examine la eficiencia y el alcance de los canales de distribución, incluida la presencia en línea, las asociaciones minoristas o las capacidades de venta directa.

- Estrategia de precios: evalúe la estrategia de precios y si ofrece una ventaja única, como un liderazgo en costos o un enfoque de precios premium.

Capacidades organizativas: identifique cualquier capacidad organizativa única, como la eficiencia operativa, la experiencia tecnológica o una fuerza laboral calificada.

3. Aprovechar las ventajas competitivas en la estrategia de marketing:

- Comunicar la ventaja: Destacar la ventaja competitiva en los mensajes de marketing, mostrando la propuesta de valor única que el negocio ofrece a los clientes.

- Dirigirse a la audiencia correcta: Identificar y dirigirse a segmentos de clientes que valoran la ventaja competitiva, enfocando los esfuerzos de marketing en atraer clientes que tienen más probabilidades de apreciar la oferta única.

- Potenciar la ventaja: Mejorar e innovar continuamente para fortalecer la ventaja competitiva, asegurando que el negocio se mantenga por delante de sus competidores.

- Monitorear la competencia: Vigilar de cerca a los competidores, manteniéndose informado de cualquier cambio en sus ofertas o estrategias que puedan afectar la ventaja competitiva.

En conclusión, evaluar la ventaja competitiva es un paso crucial en la elaboración de una estrategia de marketing convincente. Al identificar y aprovechar las ventajas únicas que posee una empresa, los especialistas en marketing pueden crear una estrategia de marketing diferenciada que atraiga a los clientes e impulse la rentabilidad. Este proceso finalmente conduce a una posición de mercado más fuerte y al éxito comercial a largo plazo.

Parte 4: Desarrollo de un plan de acción de marketing cohesivo

Una vez que se han identificado los objetivos de marketing, las oportunidades de mercado y las ventajas competitivas, el siguiente paso es desarrollar un plan de acción de marketing cohesivo. Este plan describe las tácticas y actividades de marketing específicas que se implementarán para lograr los objetivos de marketing, capitalizar las oportunidades del mercado y aprovechar las ventajas competitivas. En esta parte, discutiremos la importancia de desarrollar un plan de acción de marketing cohesivo y proporcionaremos orientación sobre cómo crear uno.

1. Importancia de un plan de acción de marketing: Un plan de acción de marketing es esencial por varias razones:

- Enfoque: El plan proporciona un enfoque claro para los esfuerzos de marketing, asegurando que los recursos se asignen de manera efectiva y las actividades estén dirigidas a lograr los objetivos de marketing.

- Coordinación: Un plan de acción cohesivo ayuda a coordinar las actividades de marketing a través de diferentes canales, equipos y partes interesadas, asegurando un mensaje de marketing coherente y unificado.

Medición: El plan establece un marco para medir el éxito de los esfuerzos de marketing, lo que permite a los especialistas en marketing realizar un seguimiento del progreso, identificar áreas de mejora y ajustar la estrategia según sea necesario.

2. Componentes de un plan de acción de marketing: Un plan de acción de marketing integral debe incluir los siguientes componentes:

Objetivos de marketing: Establezca claramente los objetivos de marketing específicos, medibles, alcanzables, relevantes y con plazos concretos que el plan pretende alcanzar.

- Público objetivo: defina los segmentos de público objetivo en los que se centrarán los esfuerzos de marketing, incluidos los datos demográficos, la psicografía y las características de comportamiento.

- Canales de marketing: Identifique los canales de marketing que se utilizarán para llegar al público objetivo, como canales digitales (redes sociales, correo electrónico, marketing de contenidos), canales tradicionales (impresos, radio, televisión) o eventos y marketing experiencial.

- Tácticas de marketing: Describa las tácticas de marketing específicas que se implementarán dentro de cada canal, como la creación de contenido, campañas publicitarias o actividades promocionales.

- Cronograma: Establezca un cronograma para implementar las actividades de marketing, especificando las fechas de inicio y finalización de cada táctica o campaña.

- Presupuesto: Asigne un presupuesto para cada actividad de marketing, asegurando que los recursos se distribuyan de manera efectiva y estén alineados con los objetivos de marketing.

Indicadores clave de rendimiento (KPI): defina los KPI que se utilizarán para medir el éxito de los esfuerzos de marketing, como el tráfico del sitio web, las tasas de conversión o los ingresos por ventas.

3. Desarrollo de un plan de acción de marketing cohesivo: Para crear un plan de acción de marketing cohesivo, considere los siguientes pasos:

- Revisar los objetivos de marketing, el análisis de mercado y las ventajas competitivas, asegurando que las actividades de marketing estén alineadas con estos conocimientos.

- Lluvia de ideas sobre tácticas y actividades de marketing que lograrán efectivamente los objetivos de marketing, capitalizarán las oportunidades del mercado y aprovecharán las ventajas competitivas.

- Priorizar las actividades de marketing en

función de su impacto potencial, viabilidad y alineación con los objetivos de marketing y las preferencias del público objetivo.

- Crear un plan detallado, delineando las tácticas de marketing específicas, canales, cronograma, presupuesto y KPI para cada actividad.

- Comunicar el plan de acción de marketing al equipo de marketing y a las partes interesadas relevantes, asegurando que todos estén alineados y trabajando hacia los mismos objetivos.

En conclusión, desarrollar un plan de acción de marketing cohesivo es un paso crítico en la elaboración de una estrategia de marketing convincente. Al describir las tácticas de marketing específicas, los canales, el cronograma, el presupuesto y los KPI que se implementarán para lograr los objetivos de marketing, los especialistas en marketing pueden crear un plan de marketing enfocado y efectivo que impulse los resultados deseados y fomente el éxito a largo plazo.

Capítulo 4: El poder de la narración de historias en marketing

Parte 1: La ciencia y el arte de contar historias

La narración de historias ha sido una parte integral de la comunicación humana durante miles de años. En marketing, la narración de historias es una herramienta poderosa para conectarse con el público y transmitir mensajes de una manera memorable, atractiva y emocionalmente impactante. En esta parte, exploraremos la ciencia y el arte de contar historias, discutiendo su importancia en el marketing y brindando orientación sobre cómo incorporar la narración de historias en los esfuerzos de marketing.

1. Importancia del Storytelling en Marketing: El storytelling es crucial en marketing por varias razones:

Conexión emocional: Las historias evocan emociones, lo que facilita que las audiencias se conecten con una marca, producto o mensaje en un nivel más profundo.

- Memorabilidad: Las historias son más memorables que los hechos o las estadísticas, lo que aumenta la probabilidad de que las audiencias recuerden el mensaje de marketing.

- Persuasión: Las historias pueden ser persuasivas, ayudando a influir en las audiencias y dar forma a sus percepciones, actitudes o comportamientos.

Diferenciación: Una historia convincente puede diferenciar a una marca de sus competidores, destacando su propuesta de valor única y fomentando la lealtad a la marca.

2. La ciencia de la narración: Varios factores psicológicos contribuyen al poder de la narración de historias:

Procesamiento neurológico: Las historias activan múltiples áreas del cerebro, incluidas las responsables del procesamiento sensorial, la emoción y la memoria, lo que las hace más atractivas y memorables.

- Empatía: Al escuchar una historia, las personas tienden a empatizar con los personajes, experimentando sus emociones y volviéndose más involucradas en la narrativa.

Facilidad cognitiva: Las historias siguen una estructura familiar y, a menudo, usan personajes y situaciones con los que se puede identificar, lo que facilita que el público las entienda y procese.

3. El arte de contar historias: Para incorporar

la narración de historias en los esfuerzos de marketing, considere los siguientes elementos:

- Estructura: Una estructura de historia clásica incluye un comienzo (establecer la escena e introducir personajes), un medio (presentar desafíos o conflictos) y un final (resolver los desafíos y ofrecer una conclusión). Esta estructura se puede adaptar para adaptarse a varios formatos de marketing, como anuncios, publicaciones de blog o estudios de casos.

Personajes: Desarrolle personajes identificables y convincentes, como clientes, empleados o la propia marca, para atraer al público y evocar empatía.

- Conflicto: Introduce un conflicto o desafío que los personajes deben superar, como un problema que enfrenta el público objetivo, que el producto o servicio puede ayudar a resolver.

- Resolución: Ofrecer una resolución al conflicto, mostrando cómo el producto o servicio puede impactar positivamente a los personajes o al público objetivo.

- Para llevar: Concluya la historia con una conclusión clara, como un llamado a la acción, un mensaje clave o una lección aprendida.

En resumen, el poder de la narración radica en su capacidad para evocar emociones, crear experiencias memorables e influir en las percepciones de la audiencia. Al comprender la ciencia y el arte de contar historias, los especialistas en marketing pueden incorporar historias en sus esfuerzos de marketing para conectarse con el público, transmitir mensajes de manera efectiva y diferenciar su marca de los competidores.

Parte 2: Elaborando la historia de tu marca

Crear una historia de marca convincente es crucial para establecer una conexión emocional con su público objetivo, diferenciar su marca de los competidores y transmitir la propuesta de valor única de su marca. En esta parte, discutiremos el proceso de elaboración de la historia de su marca y brindaremos orientación sobre cómo incorporarla de manera efectiva en sus esfuerzos de marketing.

1. Definir los valores fundamentales de su marca: La base de la historia de su marca radica en sus valores fundamentales, que son los principios y creencias que guían las acciones y la toma de decisiones de su empresa. Comience por identificar y articular los valores fundamentales de su marca, como la innovación, la sostenibilidad o la centralidad en el cliente. Estos valores deben ser auténticos, significativos y alineados con la misión y visión de su marca.

2. Desarrollar la narrativa de su marca: Con sus valores fundamentales en su lugar, puede comenzar a desarrollar la narrativa de su marca. Esta narrativa debe estar arraigada en sus valores y comunicar lo que diferencia a su marca de sus competidores. Tenga en cuenta los siguientes elementos al elaborar la narrativa de su marca:

- Historia de origen: Comparta la historia de cómo se fundó su empresa, qué inspiró su creación y cómo ha evolucionado con el tiempo.

Propósito: Articule claramente el propósito de su marca, o la razón por la que existe más allá de obtener ganancias. Este propósito debe ser significativo, inspirador y alineado con sus valores fundamentales.

- Historias de clientes: Muestre historias de clientes de la vida real que demuestren cómo su marca ha impactado positivamente sus vidas o ha resuelto sus problemas.

- Visión futura: Pinta una imagen de la visión futura de tu marca, describiendo cómo pretende seguir marcando la diferencia y creando valor para sus clientes y partes interesadas.

3. Incorporar la historia de su marca en los esfuerzos de marketing: Una vez que haya creado la historia de su marca, es esencial incorporarla a sus esfuerzos de marketing. Aquí hay algunos consejos para hacerlo de manera efectiva:

- Consistencia: asegúrese de que la historia de su marca se comunique de manera consistente a través de todos los canales de marketing y puntos de contacto, como su sitio web, redes sociales y campañas publicitarias.

- Formatos de narración de historias: Utilice

varios formatos de narración, como contenido escrito, videos, podcasts o eventos, para transmitir la historia de su marca de una manera que resuene con su público objetivo.

- Defensa de los empleados: anime a los empleados a compartir la historia de su marca con sus redes, fomentando un sentido de orgullo y propiedad en los valores y la narrativa de la empresa.

- Material de marca: incorpore la historia de su marca en su identidad visual, incluido el diseño del logotipo, el embalaje y los materiales promocionales, para crear una experiencia de marca cohesiva.

4. Medir el impacto de la historia de su marca: para evaluar la efectividad de la historia de su marca, establezca indicadores clave de rendimiento (KPI) que se alineen con sus objetivos de marketing, como el conocimiento de la marca , el compromiso o la lealtad del cliente. Realice un seguimiento de estos KPI a lo largo del tiempo para medir el impacto de sus esfuerzos de narración e identificar áreas de mejora.

En conclusión, la elaboración de la historia de su marca es un componente crítico de los esfuerzos de marketing exitosos. Al definir los valores centrales de su marca, desarrollar una narrativa convincente, incorporar la historia en sus esfuerzos de marketing y medir su impacto, puede fomentar conexiones emocionales con su audiencia, diferenciar su marca de los competidores y crear lealtad duradera a la marca.

Parte 3: Integración de la narración de historias en las comunicaciones de marketing

La integración efectiva de la narración de historias en las comunicaciones de marketing ayuda a crear contenido más atractivo, memorable y emocionalmente resonante. En esta parte, discutiremos varios canales de comunicación de marketing y proporcionaremos orientación sobre cómo incorporar la narración de historias en cada canal para maximizar su impacto.

1. Marketing de contenidos: El marketing de contenidos ofrece una excelente oportunidad para compartir la historia de su marca a través de publicaciones de blog, artículos, documentos técnicos o libros electrónicos. Cree contenido que entrelace la narrativa de su marca en temas que interesen a su público objetivo, mostrando su experiencia y proporcionando información valiosa al tiempo que refuerza los valores y el propósito centrales de su marca.

2. Marketing en redes sociales: Las plataformas de redes sociales ofrecen una forma única de conectarse con su audiencia a nivel personal. Comparta historias sobre su marca, clientes, empleados o industria que resuenen con sus seguidores. Usa una combinación de formatos,

como imágenes, videos y texto, para crear contenido atractivo que fomente el intercambio y la interacción.

3. Marketing por correo electrónico: Las campañas de correo electrónico pueden ser un canal eficaz para compartir historias con sus suscriptores. Cree contenido de correo electrónico atractivo que incorpore elementos narrativos, como historias de éxito de clientes, miradas detrás de escena de su empresa o narrativas que muestren los valores y el propósito de su marca.

4. Publicidad: La integración de la narración de historias en las campañas publicitarias puede hacerlas más memorables y persuasivas. Crea anuncios que cuenten una historia, ya sea a través de una sola imagen, una serie de imágenes o un vídeo. Concéntrese en transmitir la propuesta de valor única de su marca y conectarse emocionalmente con su audiencia.

5. Relaciones públicas: Aproveche la narración de historias en sus esfuerzos de relaciones públicas mediante la elaboración de comunicados de prensa, presentaciones de medios y artículos que compartan historias convincentes sobre su marca, productos o servicios. Destaque los logros, innovaciones o impacto social de su empresa, y

posicione su marca como líder de la industria o agente de cambio.

6. Eventos y marketing experiencial: Los eventos presenciales y virtuales brindan la oportunidad de dar vida a la historia de su marca a través de experiencias inmersivas. Cree temas de eventos, presentaciones o actividades que muestren la narrativa de su marca y se conecten con los asistentes a un nivel emocional.

7. Video Marketing: El video es un medio poderoso para contar historias, ya que combina imágenes, audio y narrativa para crear una experiencia cautivadora. Desarrolle videos que compartan la historia de su marca o destaquen las experiencias de los clientes, incorporando elementos como entrevistas, testimonios o videos explicativos animados.

Para integrar eficazmente la narración de historias en las comunicaciones de marketing, tenga en cuenta las siguientes prácticas recomendadas:

- Mantenga la coherencia: asegúrese de que la historia y los mensajes de su marca permanezcan consistentes en todos los canales de marketing y puntos de contacto.
- Manténgalo auténtico: comparta historias

genuinas que reflejen los valores y el propósito de su marca, evitando narrativas exageradas o engañosas.

- Adáptese al medio: adapte su enfoque narrativo para adaptarse a las características y limitaciones específicas de cada canal de marketing.

- Involucre a su audiencia: Fomente la interacción y la retroalimentación de la audiencia haciendo preguntas, invitando contenido generado por el usuario o creando oportunidades para la conversación.

En conclusión, la integración de la narración de historias en las comunicaciones de marketing puede mejorar el impacto de sus esfuerzos de marketing mediante la creación de contenido más atractivo, memorable y emocionalmente resonante. Al incorporar la narración de historias a través de varios canales de marketing y adaptar su enfoque para adaptarse a cada medio, puede transmitir de manera efectiva la propuesta de valor única de su marca y conectarse con su público objetivo en un nivel más profundo.

Parte 4: Medición del impacto de la narración de historias en el éxito del marketing

Para evaluar la efectividad de sus esfuerzos de narración y optimizar sus estrategias de marketing, es crucial medir el impacto de la narración de historias en el éxito del marketing. En esta parte, discutiremos los indicadores clave de rendimiento (KPI) que puede rastrear para evaluar el éxito de sus campañas de narración e identificar áreas de mejora.

1. Conocimiento de marca: La narración de historias puede ayudar a aumentar el conocimiento de la marca, haciendo que su marca sea más reconocible y prioritaria para los consumidores. Los KPI para rastrear el conocimiento de la marca incluyen:

- Alcance: el número de personas expuestas a su contenido narrativo a través de varios canales, como visitantes del sitio web, impresiones de redes sociales o aperturas de correo electrónico.

- Menciones de marca: El número de veces que su marca se menciona en conversaciones en línea, cobertura de medios o contenido generado por el usuario.

- Recuerdo de marca: El porcentaje de su público objetivo que puede recordar su marca cuando se le solicita, a menudo medido a través de encuestas o entrevistas.

2. Participación de la audiencia: El contenido atractivo fomenta la interacción y fomenta una conexión entre su marca y su audiencia. Los KPI para medir la participación de la audiencia incluyen:

- Me gusta, acciones y comentarios: realice un seguimiento de la cantidad de me gusta, acciones y comentarios que recibe su contenido narrativo en las plataformas de redes sociales.

- Tiempo dedicado al contenido: analiza el tiempo promedio que los usuarios pasan consumiendo tu contenido narrativo, como leer publicaciones de blog o ver videos.

- Descargas de contenido: supervise el número de descargas de piezas de contenido como libros electrónicos, documentos técnicos o estudios de casos que incorporan elementos narrativos.

3. Tasas de conversión: la narración efectiva puede llevar a los usuarios a realizar las acciones deseadas, como realizar una compra, suscribirse a un boletín informativo o ponerse en contacto con su equipo de ventas. Los KPI para realizar un seguimiento de las tasas de conversión incluyen:

- Tasa de conversión: El porcentaje de usuarios que completan una acción deseada después de haber estado expuestos a su contenido narrativo.

- Costo por conversión: La cantidad promedio gastada en esfuerzos de marketing para lograr una conversión, lo que le ayuda a evaluar la rentabilidad de sus campañas de narración de historias.

4. Lealtad y retención del cliente: La narración de historias puede ayudar a fomentar la lealtad del cliente y mejorar las tasas de retención al crear una conexión emocional con su marca. Los KPI para medir la lealtad y retención del cliente incluyen:

- Compras repetidas: realice un seguimiento de la cantidad de clientes que realizan múltiples compras o interactúan con su marca de manera consistente a lo largo del tiempo.

- Net Promoter Score (NPS): Mide la disposición de tus clientes a recomendar tu marca a otros, lo que puede indicar su nivel de satisfacción y lealtad.

- Valor de por vida del cliente (CLV): calcule los ingresos proyectados que un cliente generará a lo largo de su relación con su marca, teniendo en cuenta factores como la frecuencia de compra y el valor promedio del pedido.

Para medir eficazmente el impacto de la narración de historias en el éxito del marketing, tenga en cuenta los siguientes consejos:

- Establezca objetivos claros: establezca objetivos específicos, medibles, alcanzables, relevantes y con plazos limitados (SMART) para sus campañas de narración de historias, y seleccione los KPI que se alineen con estos objetivos.

- Utilice herramientas de análisis: utilice varias herramientas de análisis para realizar un seguimiento de sus KPI, como Google Analytics para métricas de sitios web, plataformas de análisis de redes sociales para métricas de participación o sistemas de gestión de relaciones con los clientes (CRM) para datos de lealtad y retención de clientes.

- Realice evaluaciones periódicas: evalúe periódicamente el desempeño de sus esfuerzos de narración, comparando los resultados con sus objetivos y puntos de referencia de la industria para identificar áreas de mejora y optimizar sus estrategias.

- Prueba e iteración: realiza pruebas A / B u otros métodos de experimentación para determinar los enfoques narrativos más efectivos y refina continuamente tus tácticas de marketing basadas en información basada en datos.

En conclusión, medir el impacto de la narración de historias en el éxito del marketing es crucial para optimizar sus estrategias de marketing y maximizar los resultados. Al realizar un seguimiento de los KPI relevantes, establecer objetivos claros, utilizar herramientas de análisis y realizar evaluaciones periódicas, puede evaluar de manera efectiva la efectividad de su campaña de marketing.

Capítulo 5: Dominio del Marketing Digital

Parte 1: Optimización de motores de búsqueda y marketing

En el panorama digital actual, una sólida presencia en línea es esencial para cualquier marca que busque prosperar. La optimización de motores de búsqueda (SEO) y el marketing de motores de búsqueda (SEM) son dos componentes críticos del marketing digital que pueden ayudar a su marca a atraer, involucrar y convertir a los usuarios en línea. En esta parte, exploraremos los fundamentos de SEO y SEM, junto con estrategias efectivas para mejorar la visibilidad de su marca en los resultados de los motores de búsqueda.

1. Optimización de motores de búsqueda (SEO): SEO implica optimizar su sitio web y contenido para obtener una clasificación más alta en los resultados orgánicos de los motores de búsqueda, lo que genera más tráfico y visibilidad para su marca. Los aspectos clave del SEO incluyen:

- Investigación de palabras clave: identifique palabras clave relevantes y de alto volumen que su público objetivo está buscando e incorpórelas al contenido, metadatos y URL de su sitio web.

- Optimización en la página: mejore la estructura, el diseño y la experiencia del usuario de su sitio web para crear una experiencia perfecta y agradable para los visitantes. Concéntrese en elementos como la velocidad del sitio, la facilidad de uso móvil y la navegación fácil.

Creación de contenido: desarrolle contenido de alta calidad, valioso y atractivo que aborde las necesidades e intereses de su público objetivo. Utilice varios formatos de contenido, como publicaciones de blog, artículos, videos e infografías, para satisfacer las diferentes preferencias del usuario.

- Optimización fuera de la página: cree un perfil de backlinks sólido obteniendo backlinks relevantes y de alta calidad de sitios web autorizados. Aproveche estrategias como los blogs invitados, el alcance de personas influyentes y el intercambio de redes sociales para aumentar la credibilidad y la autoridad de su sitio a los ojos de los motores de búsqueda.

2. Marketing de motores de búsqueda (SEM): SEM abarca esfuerzos de publicidad pagada destinados a aumentar la visibilidad de su sitio web en las páginas de resultados de los motores de búsqueda (SERP). La forma más común de SEM es la publicidad de pago por clic (PPC), donde los

anunciantes pujan por palabras clave para mostrar sus anuncios en los resultados de búsqueda. Los aspectos clave de SEM incluyen:

- Estrategia de palabras clave: seleccione palabras clave relevantes y de alta conversión para sus campañas publicitarias, teniendo en cuenta factores como el volumen de búsqueda, la competencia y el costo por clic (CPC).

- Creación de anuncios: cree textos publicitarios atractivos y visuales que resuenen con su público objetivo y anímelos a hacer clic en su anuncio. Utilice extensiones de anuncios, como enlaces de sitio o rótulos, para proporcionar información adicional y mejorar las tasas de clics (CTR).

- Optimización de la página de destino: diseñe y optimice las páginas de destino que se alineen con sus mensajes publicitarios y proporcionen una experiencia perfecta para los usuarios. Concéntrese en llamadas a la acción (CTA) claras, imágenes atractivas y textos persuasivos que impulsen las conversiones.

- Gestión de campañas: supervise y optimice regularmente sus campañas publicitarias, ajustando las ofertas, la orientación y las creatividades publicitarias para maximizar el rendimiento y el retorno de la inversión (ROI).

Para aprovechar eficazmente SEO y SEM en su

estrategia de marketing digital, considere los siguientes consejos:

- Integre los esfuerzos de SEO y SEM: coordine sus estrategias de SEO y SEM para garantizar mensajes y orientación consistentes en los esfuerzos de búsqueda orgánica y de pago. Utilice las estadísticas de un canal para informar al otro, como aprovechar las palabras clave orgánicas de alto rendimiento en sus campañas de PPC.

- Monitoree y analice el rendimiento: use herramientas de análisis como Google Analytics y Google Ads para realizar un seguimiento de su rendimiento de SEO y SEM, monitoreando métricas clave como tráfico, CTR, tasa de conversión y ROI. Utilice esta información para informar las optimizaciones y mejoras basadas en datos.

- Manténgase actualizado sobre las tendencias de la industria: los algoritmos de los motores de búsqueda y las mejores prácticas están en constante evolución. Manténgase informado sobre los últimos desarrollos en el panorama de SEO y SEM para garantizar que sus estrategias sigan siendo efectivas y cumplan con las pautas de los motores de búsqueda.

Sea paciente y persistente: los esfuerzos de SEO y SEM a menudo requieren tiempo para producir resultados significativos. Sea paciente y persistente en la implementación y refinamiento de sus estrategias, aprendiendo y adaptándose continuamente para lograr el éxito a largo plazo.

En conclusión, dominar el SEO y el SEM es crucial para cualquier marca que busque sobresalir.

Parte 2: Marketing y publicidad en redes sociales

En la era digital, las redes sociales se han convertido en una plataforma poderosa para que las marcas se involucren con su público objetivo, creen conciencia de marca e impulsen las ventas. El marketing y la publicidad en redes sociales implican aprovechar varias plataformas sociales para promocionar su marca, productos o servicios. En esta parte, discutiremos los elementos clave de las estrategias exitosas de marketing y publicidad en redes sociales y proporcionaremos consejos prácticos para maximizar la presencia de su marca en las redes sociales.

1. Selección de plataforma: elija las plataformas de redes sociales que se alineen con el público objetivo, los objetivos y los recursos de su marca. Tenga en cuenta factores como la demografía del usuario, las características de la plataforma y los formatos de contenido al hacer su selección. Las plataformas populares incluyen Facebook, Instagram, Twitter, LinkedIn, Pinterest y TikTok.

2. Estrategia de contenido: Desarrolle una estrategia de contenido que satisfaga los intereses, necesidades y preferencias de su público objetivo. Cree una combinación de tipos de contenido, como imágenes, videos, texto e

historias, y concéntrese en proporcionar valor, entretenimiento y compromiso. Planifique su contenido con anticipación con un calendario de contenido de redes sociales.

3. Voz de marca e identidad visual: Mantenga una voz de marca e identidad visual consistentes en todas las plataformas de redes sociales. Esta consistencia ayudará a reforzar la personalidad de su marca y la hará más reconocible para su audiencia. Adapte sus mensajes y elementos visuales para adaptarse a las características únicas de cada plataforma.

4. Participación y creación de comunidad: fomente conexiones genuinas con su audiencia interactuando activamente con ellos a través de me gusta, comentarios, acciones y mensajes directos. Responda rápidamente a las preguntas, comentarios e inquietudes, y aliente el contenido y las conversaciones generadas por los usuarios para crear un sentido de comunidad en torno a su marca.

5. Publicidad en redes sociales: aproveche las opciones de publicidad pagada en las plataformas de redes sociales para ampliar su alcance, dirigirse a segmentos de audiencia específicos e impulsar las conversiones. Cree creatividades publicitarias y mensajes atractivos que resuenen con su público

objetivo y optimice sus campañas en función de los datos de rendimiento.

6. Marketing de influencers: Colabore con personas influyentes y embajadores de marca que se alineen con los valores de su marca y tengan una fuerte conexión con su público objetivo. Las asociaciones de influencers pueden ayudar a aumentar la credibilidad, el alcance y el compromiso de su marca.

7. Análisis y medición del rendimiento: supervise regularmente el rendimiento de sus redes sociales utilizando herramientas de análisis específicas de la plataforma, como Facebook Insights o Instagram Insights. Realice un seguimiento de los indicadores clave de rendimiento (KPI), como el compromiso, el alcance y las conversiones, y utilice estos conocimientos para informar las optimizaciones y mejoras basadas en datos.

Para ejecutar eficazmente el marketing y la publicidad en redes sociales, tenga en cuenta las siguientes prácticas recomendadas:

- Establezca objetivos SMART: establezca objetivos específicos, medibles, alcanzables, relevantes y con plazos limitados (SMART) para sus esfuerzos en las redes sociales, y alinee sus estrategias y tácticas con estos objetivos.

Asigne recursos sabiamente: determine los recursos necesarios, como tiempo, presupuesto y personal, para administrar y ejecutar de manera efectiva su estrategia de redes sociales. Priorice las plataformas e iniciativas que se alinean con sus objetivos y proporcionan el mayor retorno de la inversión (ROI).

- Prueba e iteración: realiza pruebas A / B y experimenta con diferentes tipos de contenido, tiempos de publicación y tácticas publicitarias para determinar qué funciona mejor para tu marca. Refine continuamente sus estrategias basadas en información basada en datos.

Manténgase al día sobre las tendencias y las actualizaciones de la plataforma: manténgase al día con las últimas tendencias de las redes sociales, las funciones de la plataforma y las actualizaciones de algoritmos para garantizar que sus estrategias sigan siendo efectivas y relevantes.

En conclusión, dominar el marketing y la publicidad en redes sociales es esencial para cualquier marca que busque sobresalir en el panorama digital. Al seleccionar las plataformas adecuadas, desarrollar un plan de contenido estratégico, fomentar el compromiso y aprovechar la publicidad pagada y las asociaciones de influencers, puede maximizar la presencia de su marca en las redes sociales e impulsar resultados tangibles.

Parte 3: Marketing de contenidos y estrategias de inbound

El marketing de contenidos y las estrategias de inbound son herramientas poderosas para atraer, involucrar y convertir clientes potenciales. Al crear y compartir contenido valioso que aborde las necesidades e intereses de su público objetivo, puede establecer su marca como un experto confiable en su industria y generar clientes potenciales de manera orgánica. En esta parte, exploraremos los elementos clave del marketing de contenidos exitoso y las estrategias de inbound, junto con consejos prácticos para ejecutarlos de manera efectiva.

1. Creación de contenido: desarrolle contenido de alta calidad, atractivo e informativo que resuene con su público objetivo. Experimente con varios formatos, como publicaciones de blog, artículos, videos, podcasts, seminarios web e infografías, para satisfacer las diferentes preferencias y hábitos de consumo de los usuarios.

2. Planificación de contenido: Planifique su contenido con anticipación utilizando un calendario de contenido para garantizar la coherencia y la alineación estratégica con sus objetivos de marketing. Haga una lluvia de ideas de

contenido regularmente y priorice los temas según la relevancia, el volumen de búsqueda y el interés de la audiencia.

3. Integración SEO: Incorpore las mejores prácticas de SEO en su proceso de creación de contenido, como realizar investigaciones de palabras clave, optimizar títulos y meta descripciones, y garantizar un sitio web optimizado para dispositivos móviles. Esto ayudará a que su contenido tenga un rango más alto en los resultados de los motores de búsqueda, atrayendo más tráfico orgánico a su sitio web.

4. Generación y nutrición de clientes potenciales: Utilice el contenido para generar y nutrir clientes potenciales ofreciendo recursos valiosos, como libros electrónicos, documentos técnicos o estudios de casos, a cambio de información de contacto. Implemente la automatización de marketing y el marketing por correo electrónico para atraer y nutrir a los clientes potenciales a través de contenido y ofertas específicos y personalizados.

5. Promoción y distribución: amplifique el alcance y la visibilidad de su contenido promocionándolo a través de varios canales, como redes sociales, marketing por correo electrónico y publicidad pagada. Aproveche las asociaciones, las

colaboraciones de influencers y las oportunidades de publicación de invitados para expandir su audiencia y aumentar la credibilidad.

6. Análisis y medición del rendimiento: supervise regularmente el rendimiento de su marketing de contenidos utilizando herramientas de análisis como Google Analytics, información sobre redes sociales y métricas de marketing por correo electrónico. Realice un seguimiento de los indicadores clave de rendimiento (KPI), como el tráfico, la participación y las conversiones, y utilice esta información para informar las optimizaciones y mejoras basadas en datos.

Para ejecutar de manera efectiva estrategias de marketing de contenido e inbound, considere las siguientes mejores prácticas:

- Establezca objetivos SMART: establezca objetivos específicos, medibles, alcanzables, relevantes y con plazos limitados (SMART) para sus esfuerzos de marketing de contenidos, y alinee sus estrategias y tácticas con estos objetivos.

- Desarrolle una voz de marca clara: mantenga una voz y mensajes de marca consistentes en todo el contenido para reforzar su identidad de marca y crear una experiencia cohesiva para su audiencia.

Concéntrese en el valor y la relevancia: priorice

el contenido que proporcione valor y relevancia genuinos a su público objetivo, abordando sus puntos débiles, intereses y necesidades.

Fomente el compromiso y el intercambio: cree contenido que fomente la interacción, la conversación y el intercambio, ayudando a amplificar su mensaje y fomentar un sentido de comunidad en torno a su marca.

- Mejorar y optimizar continuamente: evalúe regularmente su rendimiento de marketing de contenidos, identificando áreas de mejora y refinando sus estrategias basadas en información basada en datos.

En conclusión, dominar el marketing de contenidos y las estrategias de inbound es esencial para cualquier marca que busque sobresalir en el panorama digital. Al crear contenido valioso, atractivo y dirigido, promocionarlo de manera efectiva y monitorear y optimizar continuamente sus esfuerzos, puede atraer, involucrar y convertir clientes potenciales, impulsando el crecimiento y el éxito de su marca.

Parte 4: Marketing por correo electrónico y automatización de marketing

El marketing por correo electrónico y la automatización del marketing son componentes esenciales de una estrategia de marketing digital exitosa, lo que permite a las marcas mantener una comunicación personalizada con su audiencia y nutrir a los clientes potenciales a través del embudo de ventas. En esta parte, discutiremos los elementos clave de las estrategias efectivas de marketing por correo electrónico y automatización de marketing, junto con consejos prácticos para ejecutarlas con éxito.

1. Creación de listas de correo electrónico: haga crecer su lista de correo electrónico a través de medios éticos, como formularios de suscripción en su sitio web, descargas de contenido y registros de eventos. Asegúrese de que sus suscriptores proporcionen su consentimiento explícito para recibir comunicaciones de su marca.

2. Segmentación y personalización: segmente su lista de correo electrónico en función de factores como la demografía, los intereses y el compromiso para ofrecer contenido específico y personalizado que resuene con cada suscriptor. Use contenido dinámico y etiquetas merge para personalizar

elementos de correo electrónico, como líneas de asunto, saludos y ofertas, en función de los datos del suscriptor.

3. Diseño y contenido de correo electrónico: diseñe plantillas de correo electrónico visualmente atractivas y con capacidad de respuesta móvil que se alineen con la identidad de su marca. Cree líneas de asunto convincentes, textos concisos y llamadas a la acción (CTA) claras para fomentar el compromiso y las conversiones.

4. Capacidad de entrega y cumplimiento del correo electrónico: Optimice la capacidad de entrega de su correo electrónico manteniendo una lista de correo electrónico limpia, autenticando el dominio de su remitente y siguiendo las mejores prácticas para el diseño y el contenido del correo electrónico. Cumpla con las regulaciones de marketing por correo electrónico, como la Ley CAN-SPAM, GDPR y CASL, para proteger la reputación de su marca y evitar sanciones.

5. Automatización de marketing: implemente herramientas y procesos de automatización de marketing para agilizar y optimizar sus esfuerzos de marketing por correo electrónico. Configure flujos de trabajo automatizados, como secuencias de bienvenida, campañas de nutrición de clientes

potenciales y recordatorios de abandono del carrito, para atraer a los suscriptores con contenido oportuno y relevante basado en sus comportamientos y acciones.

6. Pruebas y optimización: pruebe y optimice regularmente sus campañas de correo electrónico a través de pruebas A / B, experimentando con variables como líneas de asunto, tiempos de envío y contenido. Supervise los indicadores clave de rendimiento (KPI), como las tasas de apertura, las tasas de clics (CTR) y las conversiones, y utilice esta información para informar las mejoras basadas en datos.

Para ejecutar eficazmente estrategias de marketing por correo electrónico y automatización de marketing, tenga en cuenta las siguientes prácticas recomendadas:

- Establezca objetivos SMART: establezca objetivos específicos, medibles, alcanzables, relevantes y con plazos limitados (SMART) para sus esfuerzos de marketing por correo electrónico, y alinee sus estrategias y tácticas con estos objetivos.

- Priorice la calidad sobre la cantidad: concéntrese en enviar contenido valioso y de alta calidad a sus suscriptores, en lugar de abrumarlos con correos electrónicos excesivos. Trate de mantener un equilibrio saludable entre el contenido promocional y educativo.

Fomente el compromiso y la interacción: diseñe sus correos electrónicos para fomentar el compromiso y la interacción, como plantear preguntas, solicitar comentarios o usar elementos interactivos como encuestas y cuestionarios.

- Monitoree y adapte: supervise continuamente el rendimiento de su marketing por correo electrónico y adapte sus estrategias en función de los comentarios de los suscriptores y los conocimientos basados en datos. Manténgase actualizado sobre las tendencias de la industria y las mejores prácticas para garantizar que sus esfuerzos sigan siendo efectivos y relevantes.

En conclusión, dominar el marketing por correo electrónico y la automatización del marketing es crucial para cualquier marca que busque sobresalir en el panorama digital. Al crear una lista de correo electrónico sólida, entregar contenido personalizado y atractivo, y aprovechar las herramientas y procesos de automatización, puede nutrir clientes potenciales, impulsar conversiones y fomentar relaciones a largo plazo con los clientes.

Capítulo 6: Decisiones de marketing basadas en datos

Parte 1: Recopilación y análisis de datos de marketing

En el entorno empresarial competitivo de hoy, tomar decisiones de marketing basadas en datos es crucial para el éxito. Recopilar, analizar e interpretar datos de marketing permite a las marcas optimizar sus estrategias, asignar recursos de manera efectiva y obtener mejores resultados. En esta parte, discutiremos los aspectos clave de la recopilación y el análisis de datos de marketing , junto con consejos prácticos para aprovechar los datos para tomar decisiones de marketing informadas.

1. Métodos de recopilación de datos: Utilice varios métodos de recopilación de datos para recopilar datos de marketing, como análisis web, información sobre redes sociales, métricas de marketing por correo electrónico y encuestas a clientes. Asegúrese de que los datos recopilados sean precisos, relevantes y oportunos para respaldar su proceso de toma de decisiones.

2. Integración de datos: consolide datos de

múltiples fuentes en una única plataforma o panel unificado para facilitar el análisis y la interpretación. Esto puede ayudarlo a obtener una visión holística de su rendimiento de marketing e identificar tendencias, patrones y oportunidades.

3. Calidad y consistencia de los datos: Mantenga la calidad y consistencia de los datos mediante la estandarización de los procedimientos de recopilación y procesamiento de datos, la implementación de comprobaciones de validación de datos y la limpieza y actualización periódicas de sus conjuntos de datos. Esto asegurará que sus decisiones de marketing se basen en información confiable y precisa.

4. Análisis descriptivo: Realice un análisis descriptivo para resumir y visualizar sus datos de marketing, proporcionando una visión general de su rendimiento en varios canales y campañas. Utilice herramientas como cuadros, tablas y gráficos para presentar sus datos en un formato fácilmente digerible.

5. Análisis de diagnóstico: realice análisis de diagnóstico para identificar las causas raíz de su rendimiento de marketing, como correlacionar tácticas o estrategias específicas con cambios en los indicadores clave de rendimiento (KPI). Esto puede

ayudarlo a identificar áreas de mejora y optimizar sus esfuerzos de marketing.

6. Análisis predictivo: aproveche las técnicas de análisis predictivo, como el modelado de regresión y los algoritmos de aprendizaje automático, para pronosticar futuros resultados de marketing basados en datos históricos. Esto puede ayudarle a tomar decisiones proactivas basadas en datos y asignar recursos de manera más eficaz.

Para recopilar y analizar datos de marketing de forma eficaz, tenga en cuenta las siguientes prácticas recomendadas:

- Establezca objetivos SMART: establezca objetivos específicos, medibles, alcanzables, relevantes y con plazos determinados (SMART) para sus esfuerzos de marketing , y utilice los datos para realizar un seguimiento de su progreso e informar su proceso de toma de decisiones.

- Priorizar los datos relevantes: concéntrese en recopilar y analizar datos que sean relevantes para sus objetivos de marketing e indicadores clave de rendimiento (KPI). Evite sentirse abrumado por datos e información excesivos que pueden no afectar directamente su proceso de toma de decisiones.

- Desarrollar una cultura basada en datos:

fomente una cultura basada en datos dentro de su organización promoviendo la alfabetización de datos, capacitando a los miembros del equipo en técnicas de análisis de datos y fomentando un entorno colaborativo para la toma de decisiones basada en datos.

- Aprender y adaptarse continuamente: Revise y actualice regularmente sus procesos de recopilación y análisis de datos, incorporando nuevas herramientas, técnicas y fuentes de datos según sea necesario. Aprenda continuamente de sus datos y adapte sus estrategias de marketing basadas en información basada en datos.

En conclusión, recopilar y analizar datos de marketing es esencial para tomar decisiones de marketing informadas y basadas en datos. Al priorizar los datos relevantes, mantener la calidad y consistencia de los datos y aprovechar diversas técnicas de análisis de datos, puede optimizar sus estrategias de marketing, asignar recursos de manera efectiva y obtener mejores resultados para su marca.

Parte 2: Aprovechamiento de la analítica para obtener información sobre los clientes

Obtener información sobre los clientes a través de análisis es crucial para crear estrategias de marketing efectivas que resuenen con su público objetivo. Al analizar los datos de los clientes , puede descubrir patrones, preferencias y comportamientos que informan sus decisiones de marketing y lo ayudan a servir mejor a sus clientes. En esta parte, exploraremos cómo aprovechar el análisis para obtener información valiosa sobre los clientes, junto con consejos prácticos para aplicar estos conocimientos a sus esfuerzos de marketing.

1. Segmentación de clientes: utilice análisis para segmentar su base de clientes en función de factores como la demografía, la psicografía, los patrones de comportamiento y el historial de compras. Al comprender las características distintivas de cada segmento, puede adaptar sus mensajes y ofertas de marketing para atraer mejor a cada grupo.

2. Mapeo del recorrido del cliente: analice los datos del cliente para trazar los diversos puntos de contacto y etapas en el recorrido del cliente, desde el conocimiento hasta la consideración, la compra y la poscompra. Identificar las áreas donde los

clientes pueden encontrar fricción o caída puede ayudarlo a optimizar la experiencia del cliente y mejorar las tasas de conversión.

3. Análisis de sentimiento: aproveche las herramientas y técnicas de análisis de sentimiento para medir las emociones y opiniones de los clientes hacia su marca, productos o servicios. Al comprender cómo los clientes perciben su marca, puede abordar las inquietudes, capitalizar el sentimiento positivo y mejorar la reputación general de la marca.

4. Análisis de abandono: analice los datos de los clientes para identificar patrones y factores que contribuyen a la rotación de clientes, como la insatisfacción del producto o el mal servicio al cliente. Al abordar estos problemas e implementar estrategias para mejorar la retención de clientes, puede aumentar el valor de por vida del cliente e impulsar el crecimiento a largo plazo.

5. Análisis del valor de vida del cliente (CLV): calcule el valor de por vida del cliente analizando los datos históricos de transacciones y estimando el beneficio neto atribuido a un cliente durante toda su relación con su marca. Comprender CLV puede ayudarlo a asignar recursos de marketing de manera más efectiva y priorizar segmentos de

clientes con mayor valor potencial.

Para aprovechar eficazmente el análisis para obtener información sobre los clientes, tenga en cuenta las siguientes prácticas recomendadas:

- Invierta en herramientas de análisis: utilice herramientas y plataformas de análisis sólidas que le permitan recopilar, analizar y visualizar los datos de los clientes, lo que facilita la obtención de información procesable y la toma de decisiones basadas en datos.

- Fomentar la colaboración interfuncional: fomentar la colaboración entre marketing, ventas, servicio al cliente y otros departamentos para compartir datos y conocimientos de los clientes, lo que permite una comprensión más holística de las necesidades y preferencias de los clientes.

- Pruebe y optimice continuamente: pruebe y optimice continuamente sus estrategias de marketing basadas en los conocimientos de los clientes, utilizando pruebas A / B, comentarios de los clientes y datos de rendimiento para refinar sus tácticas y mejorar los resultados.

- Priorizar la privacidad de datos: asegúrese de que las prácticas de recopilación y análisis de datos de sus clientes cumplan con las regulaciones de privacidad de datos relevantes, como GDPR y CCPA, para proteger la información del cliente y mantener la confianza en su marca.

En conclusión, aprovechar el análisis para obtener información sobre los clientes es esencial para crear estrategias de marketing efectivas que resuenen con su público objetivo. Al analizar los datos de los clientes, segmentar su audiencia, mapear los recorridos de los clientes y realizar varios tipos de análisis, puede obtener información valiosa que informa sus decisiones de marketing y lo ayuda a servir mejor a sus clientes.

Parte 3: Pruebas y optimización A/B

Las pruebas y la optimización A / B son componentes críticos del marketing basado en datos, lo que permite a los especialistas en marketing tomar decisiones informadas basadas en datos de rendimiento del mundo real. Al probar diferentes variaciones de elementos de marketing y medir su impacto en los indicadores clave de rendimiento (KPI), puede refinar sus estrategias y tácticas para maximizar los resultados. En esta parte, discutiremos la importancia de las pruebas A / B y la optimización, junto con consejos prácticos para implementar estas prácticas de manera efectiva.

1. Comprender las pruebas A / B: Las pruebas A / B, también conocidas como pruebas divididas, implican comparar dos o más variaciones de un elemento de marketing, como una página web, correo electrónico o publicidad, para determinar qué versión funciona mejor. Al medir el rendimiento de cada variación en relación con un KPI específico, como la tasa de clics o la tasa de conversión, puede identificar la opción más efectiva y realizar mejoras basadas en datos.

2. Elegir variables para probar: identifique variables dentro de sus campañas de marketing que se

puedan probar, como titulares, llamadas a la acción (CTA), imágenes o diseño. Concéntrese en probar elementos que tengan el potencial de afectar significativamente sus KPI y priorice las pruebas de alto impacto.

3. Diseño e implementación de pruebas A / B: cree múltiples variaciones del elemento de marketing que desea probar, asegurando que solo se cambie una variable a la vez para aislar su impacto. Utilice una herramienta o plataforma de prueba A / B dedicada para asignar aleatoriamente cada variación a una parte de su audiencia y recopilar datos de rendimiento.

4. Análisis de los resultados de la prueba : Analice los datos de rendimiento recopilados durante su prueba A / B para determinar qué variación se desempeñó mejor en función de su KPI elegido. Utilice el análisis estadístico, como calcular el nivel de confianza y el valor p, para asegurarse de que sus resultados sean estadísticamente significativos y no se deban al azar.

5. Aplicación de información de prueba: en función de los resultados de sus pruebas, implemente la variación ganadora en su campaña de marketing y continúe monitoreando el rendimiento para garantizar que las mejoras se mantengan. Utilice

los conocimientos obtenidos de sus pruebas A / B para informar futuras decisiones de marketing y optimizar sus estrategias.

Para aprovechar eficazmente las pruebas y la optimización A/B, tenga en cuenta las siguientes prácticas recomendadas:

- Establecer una cultura de pruebas: Fomentar una cultura de pruebas y optimización dentro de su organización, alentando a los miembros del equipo a buscar continuamente oportunidades de mejora y adoptar la toma de decisiones basada en datos.

- Planifique y priorice las pruebas: desarrolle un plan estratégico de pruebas que describa sus objetivos de pruebas, priorice las pruebas de alto impacto y asigne recursos de manera efectiva.

- Pruebe de forma regular e iterativa: realice pruebas A / B regulares y utilice los conocimientos adquiridos para informar los esfuerzos de optimización en curso. Aborde las pruebas como un proceso iterativo, refinando continuamente sus estrategias y tácticas de marketing basadas en información basada en datos.

Sea paciente y persistente: Reconozca que no todas las pruebas A / B producirán resultados inmediatos y dramáticos. Sea paciente y persistente en sus esfuerzos de prueba, aprendiendo de las pruebas exitosas y no exitosas para informar futuras estrategias de optimización.

En conclusión, las pruebas A / B y la optimización son esenciales para el éxito del marketing basado en datos, lo que le permite refinar sus estrategias y tácticas basadas en datos de rendimiento del mundo real. Al elegir variables para probar, diseñar e implementar pruebas, analizar resultados y aplicar información, puede mejorar continuamente sus esfuerzos de marketing y obtener mejores resultados para su marca.

Parte 4: Convertir datos en información procesable

La recopilación y el análisis de datos es solo el comienzo del proceso de marketing basado en datos; el objetivo final es convertir esos datos en información procesable que informe sus estrategias de marketing e impulse los resultados. En esta parte, discutiremos cómo transformar sus datos de marketing en información valiosa y aplicar esta información para optimizar sus esfuerzos de marketing de manera efectiva.

1. Síntesis de datos: combine y sintetice datos de múltiples fuentes, como análisis web, información sobre redes sociales y encuestas a clientes, para obtener una comprensión integral de su rendimiento de marketing. Esta visión holística puede ayudarlo a identificar tendencias, patrones y áreas de oportunidad.

2. Identificación de información clave: revise sus datos de marketing e identifique información clave que pueda informar sus decisiones de marketing. Busque patrones y correlaciones que revelen las preferencias, comportamientos y puntos débiles de los clientes, así como áreas donde sus estrategias de marketing tienen un rendimiento inferior o sobresalen.

3. Priorizar Insights: No todos los insights tendrán el mismo impacto en tus esfuerzos de marketing. Priorice los conocimientos más importantes en función de su potencial para impulsar los resultados y alinearse con sus objetivos de marketing.

4. Desarrollo de planes de acción: traduzca sus conocimientos en pasos prácticos que se pueden implementar para optimizar sus estrategias de marketing. Cree planes de acción detallados que describan las tácticas, los recursos y los plazos específicos necesarios para abordar los conocimientos identificados.

5. Implementación y monitoreo: Ejecute sus planes de acción y supervise de cerca el impacto de sus cambios en su desempeño de marketing. Utilice los datos para evaluar si sus optimizaciones están impulsando los resultados deseados y continúe refinando sus estrategias en función de los conocimientos continuos.

Para convertir eficazmente los datos en información procesable, tenga en cuenta las siguientes prácticas recomendadas:

- Fomentar una cultura basada en datos: fomentar

una mentalidad basada en datos dentro de su organización, promoviendo la alfabetización de datos, capacitando a los miembros del equipo en técnicas de análisis de datos y fomentando un entorno colaborativo para la toma de decisiones basada en datos.

- Utilice herramientas de análisis avanzadas: aproveche las herramientas y plataformas de análisis avanzadas que le permiten recopilar, analizar y visualizar datos, lo que facilita la obtención de información procesable y la toma de decisiones basadas en datos.

- Aprender y adaptarse continuamente: Revise y actualice regularmente sus procesos de recopilación y análisis de datos, incorporando nuevas herramientas, técnicas y fuentes de datos según sea necesario. Aprenda continuamente de sus datos y adapte sus estrategias de marketing basadas en información basada en datos.

- Mantener la calidad e integridad de los datos: Asegúrese de que sus prácticas de recopilación y análisis de datos mantengan la calidad e integridad de los datos mediante la estandarización de procesos, la implementación de comprobaciones de validación de datos y la limpieza y actualización periódicas de sus conjuntos de datos.

En conclusión, convertir los datos en información procesable es esencial para optimizar sus esfuerzos de marketing y obtener mejores resultados. Al sintetizar datos, identificar información clave, priorizar su importancia, desarrollar planes de acción e implementar cambios, puede transformar sus datos de marketing en información valiosa que informe sus decisiones de marketing y lo ayuden a alcanzar sus objetivos.

Capítulo 7: Campañas creativas de marketing

Parte 1: Elementos de una campaña de marketing exitosa

Una campaña de marketing exitosa capta la atención de su público objetivo, comunica el mensaje de su marca de manera efectiva e impulsa resultados medibles. En esta parte, discutiremos los elementos esenciales de una campaña de marketing exitosa, proporcionando una base para crear campañas creativas e impactantes que resuenen con su audiencia.

1. Objetivos claros: Establezca objetivos bien definidos para su campaña de marketing, asegurándose de que se alineen con sus objetivos generales de marketing y negocios. Los objetivos claros proporcionan un marco para evaluar el rendimiento de la campaña y medir el éxito.

2. Público objetivo: identifique y comprenda a su público objetivo, incluidos sus datos demográficos, psicografía, preferencias y puntos débiles. Una comprensión profunda de su audiencia le permite crear mensajes de marketing personalizados y relevantes que resuenan con ellos.

3. Propuesta de venta única (USP): Comunique claramente la propuesta de venta única de su marca, destacando los distintos beneficios y el valor que su producto o servicio ofrece a su público objetivo. Su USP debe diferenciar su marca de los competidores y proporcionar una razón convincente para que los clientes lo elijan.

4. Conceptos creativos convincentes: Desarrolle conceptos creativos que capten la atención de su audiencia y evoquen una respuesta emocional. Esfuércese por crear materiales de marketing memorables e impactantes que comuniquen el mensaje de su marca de manera efectiva y dejen una impresión duradera.

5. Comunicaciones de marketing integradas: asegúrese de que su campaña de marketing utilice una combinación de canales y tácticas de marketing, como redes sociales, correo electrónico, marketing de contenidos y relaciones públicas, para entregar un mensaje de marca consistente y cohesivo en todos los puntos de contacto.

6. Pruebas y optimización: pruebe y optimice continuamente su campaña de marketing, utilizando información basada en datos para refinar sus mensajes, elementos creativos y tácticas

de marketing. Las pruebas A/B y el análisis continuo pueden ayudarte a identificar áreas de mejora y maximizar los resultados de la campaña.

7. Medición y análisis: establezca indicadores clave de rendimiento (KPI) que se alineen con los objetivos de su campaña, y mida y analice regularmente el rendimiento de la campaña para medir el éxito. Utilice información basada en datos para tomar decisiones informadas sobre futuros esfuerzos de marketing y asignar recursos de manera efectiva.

Para crear una campaña de marketing exitosa, tenga en cuenta las siguientes prácticas recomendadas:

- Colaborar y hacer una lluvia de ideas: Fomenta un entorno de colaboración dentro de tu equipo de marketing, fomentando la comunicación abierta y el intercambio de ideas durante el proceso creativo. Las sesiones de lluvia de ideas pueden ayudarlo a generar conceptos frescos e innovadores para su campaña de marketing.

Sea consistente con su marca: asegúrese de que su campaña de marketing se alinee con su identidad de marca general, manteniendo una apariencia, sensación y tono consistentes en todos los materiales y canales de marketing.

- Adopte la narración de historias: aproveche el poder de la narración de historias para crear conexiones emocionales con su audiencia y comunicar el mensaje de su marca de manera efectiva. Una narrativa convincente puede hacer que su campaña de marketing sea más memorable e impactante.

- Monitorear tendencias y competidores: Manténgase al día con las tendencias de la industria y las campañas de la competencia, utilizando este conocimiento para informar su estrategia de marketing y garantizar que su campaña permanezca fresca y relevante.

En conclusión, una campaña de marketing exitosa incorpora objetivos claros, un público objetivo bien definido, una propuesta de venta única, conceptos creativos convincentes, comunicaciones de marketing integradas, pruebas y optimización, y medición y análisis. Al centrarse en estos elementos esenciales, puede crear campañas de marketing creativas e impactantes que resuenen con su audiencia e impulsen resultados para su marca.

Parte 2: Desarrollo de un concepto de campaña

Desarrollar un concepto de campaña convincente es crucial para captar la atención de su audiencia y comunicar de manera efectiva el mensaje de su marca. Un concepto fuerte sienta las bases para una campaña de marketing exitosa. En esta parte, discutiremos el proceso de desarrollo de un concepto de campaña, proporcionando consejos prácticos y pautas para ayudarlo a crear una campaña de marketing impactante.

1. Investigación y perspectivas: Comience por realizar una investigación exhaustiva para obtener una comprensión más profunda de su público objetivo, las tendencias de la industria y las actividades de la competencia. Analice sus datos de marketing para identificar información clave que pueda informar el concepto de su campaña y garantizar que su mensaje resuene con su audiencia.

2. Defina los objetivos de la campaña: establezca objetivos claros para su campaña de marketing, asegurándose de que se alineen con sus objetivos generales de marketing y negocios. Estos objetivos guiarán el proceso de desarrollo de su campaña y le ayudarán a evaluar el éxito de su campaña.

3. Haga una lluvia de ideas: reúna a su equipo de marketing y participe en sesiones de lluvia de ideas para generar una amplia gama de ideas para el concepto de su campaña. Fomente la comunicación abierta, el pensamiento creativo y la colaboración para fomentar un entorno donde las ideas innovadoras puedan florecer.

4. Evalúe y refine las ideas: revise las ideas generadas durante las sesiones de lluvia de ideas y evalúelas en función de su potencial para cumplir con los objetivos de su campaña, resonar con su público objetivo y diferenciar su marca de los competidores. Refinar e iterar las ideas más prometedoras, combinándolas y construyéndolas para crear un concepto de campaña único y convincente.

5. Crea una narrativa de campaña: desarrolla una narrativa que vincule el concepto de tu campaña, incorporando elementos narrativos para evocar una respuesta emocional y crear una experiencia memorable para tu audiencia. Su narrativa debe comunicar claramente el mensaje de su marca y una propuesta de venta única.

6. Diseñe activos de campaña: cree activos de campaña visualmente atractivos e impactantes,

como imágenes, videos y gráficos, que den vida al concepto de su campaña. Asegúrese de que estos activos sean coherentes con su identidad de marca general y comunique de manera efectiva la narrativa de su campaña.

7. Desarrolle un plan de marketing multicanal: desarrolle un plan de marketing que incorpore una combinación de canales y tácticas de marketing, como redes sociales, correo electrónico, marketing de contenidos y relaciones públicas, para entregar un mensaje de marca consistente y cohesivo en todos los puntos de contacto. Este enfoque integrado le ayuda a llegar a su audiencia a través de varios canales y maximiza el impacto de su campaña.

8. Pruebe y optimice: pruebe y optimice continuamente los activos de su campaña y las tácticas de marketing, utilizando información basada en datos para refinar sus mensajes y elementos creativos. Las pruebas A/B y el análisis continuo pueden ayudarte a identificar áreas de mejora y maximizar los resultados de la campaña.

En conclusión, desarrollar un concepto de campaña implica realizar investigaciones, definir objetivos, intercambiar ideas, evaluar y refinar ideas, crear una narrativa, diseñar activos de campaña, desarrollar un plan de marketing multicanal y probar y optimizar su campaña. Al seguir estos pasos, puede crear un concepto de campaña atractivo que capte de manera efectiva la atención de su audiencia, comunique el mensaje de su marca e impulse resultados medibles.

Parte 3: Ejecución y gestión de campañas

Una vez que haya desarrollado un concepto de campaña convincente, el siguiente paso es ejecutar y administrar la campaña de manera efectiva. La ejecución y la gestión adecuadas son cruciales para maximizar el impacto de sus esfuerzos de marketing y lograr los objetivos de su campaña. En esta parte, discutiremos las mejores prácticas para ejecutar y administrar campañas de marketing, asegurando que su campaña funcione sin problemas y ofrezca los resultados deseados.

1. Desarrolle un plan de campaña detallado: cree un plan de campaña integral que describa las tácticas de marketing, canales, plazos y recursos específicos necesarios para cada etapa de la campaña. Este plan servirá como una hoja de ruta para su equipo, asegurando que todos estén alineados con los objetivos, responsabilidades y expectativas.

2. Asigne roles y responsabilidades: defina claramente los roles y responsabilidades de cada miembro del equipo involucrado en la campaña, asegurándose de que todos entiendan sus tareas y plazos. Esta claridad ayuda a evitar malentendidos y asegura que cada aspecto de la campaña se ejecute de manera eficiente.

3. Configure el seguimiento y la medición: establezca indicadores clave de rendimiento (KPI) que se alineen con los objetivos de su campaña y configure sistemas de seguimiento para medir el rendimiento de su campaña. Este enfoque basado en datos le permite evaluar el éxito de su campaña, identificar áreas de mejora y tomar decisiones informadas sobre futuros esfuerzos de marketing.

4. Ejecute la campaña: Con su plan en su lugar, ejecute cada aspecto de su campaña de acuerdo con el cronograma y los recursos descritos en su plan de campaña. Asegúrese de que los miembros de su equipo conozcan sus plazos y responsabilidades, y supervise su progreso para garantizar que las tareas se completen a tiempo y dentro del presupuesto.

5. Supervise y ajuste: supervise regularmente el rendimiento de su campaña, utilizando información basada en datos para identificar áreas donde pueden ser necesarios ajustes. Prepárese para realizar ajustes en tiempo real a sus tácticas de marketing, activos creativos y mensajes según sea necesario, según su análisis continuo del rendimiento de la campaña.

6. Comunícate y colabora: fomenta la comunicación abierta y la colaboración entre los

miembros de tu equipo, animándolos a compartir sus ideas, desafíos y éxitos a lo largo de la campaña. Este enfoque colaborativo ayuda a identificar posibles problemas desde el principio y permite que su equipo trabaje en conjunto para abordarlos de manera efectiva.

7. Revise y evalúe: Una vez que su campaña haya concluido, realice una evaluación exhaustiva de su rendimiento, utilizando sus KPI y conocimientos basados en datos para evaluar su éxito. Identifique las áreas en las que su campaña sobresalió y las áreas donde se podrían realizar mejoras, utilizando estos aprendizajes para informar futuros esfuerzos de marketing.

8. Comparta los resultados y las lecciones aprendidas: Comparta los resultados de la evaluación de su campaña con su equipo y otras partes interesadas, destacando los éxitos, los desafíos y los aprendizajes clave. Esta transparencia ayuda a fomentar una cultura de mejora continua y garantiza que su equipo esté bien preparado para futuras campañas de marketing.

En conclusión, ejecutar y administrar campañas de marketing de manera efectiva implica desarrollar un plan de campaña detallado, asignar roles y responsabilidades, configurar el seguimiento y la medición, ejecutar la campaña, monitorear y ajustar, comunicar y colaborar, revisar y evaluar, y compartir resultados y lecciones aprendidas. Al seguir estas mejores prácticas, puede asegurarse de que su campaña de marketing funcione sin problemas y ofrezca los resultados deseados para su marca.

Parte 4: Medición de la efectividad de la campaña y el ROI

Medir la efectividad y el retorno de la inversión (ROI) de su campaña de marketing es crucial para evaluar su éxito e informar futuras decisiones de marketing. Un enfoque basado en datos le ayuda a comprender qué aspectos de su campaña tuvieron un buen desempeño y qué áreas podrían mejorarse. En esta parte, discutiremos las mejores prácticas para medir la efectividad de la campaña y el ROI, asegurándonos de que tenga la información necesaria para optimizar sus esfuerzos de marketing.

1. Defina indicadores clave de rendimiento (KPI): establezca KPI que se alineen con los objetivos de su campaña y sean relevantes para sus tácticas y canales de marketing. Estos KPI proporcionarán un marco para medir el rendimiento de la campaña y evaluar el éxito.

2. Configure el seguimiento y el análisis: implemente herramientas de seguimiento y análisis para capturar datos relacionados con sus KPI. Asegúrese de que estas herramientas estén configuradas correctamente para proporcionar información precisa sobre el rendimiento de su campaña.

3. Supervise el rendimiento en tiempo real: revise regularmente los datos de su campaña y supervise el rendimiento en tiempo real. Este análisis continuo le permite identificar tendencias, detectar posibles problemas y tomar decisiones basadas en datos para optimizar su campaña.

4. Calcule el ROI: calcule el retorno de la inversión para su campaña de marketing comparando el costo de sus esfuerzos de marketing con los ingresos generados como resultado. Este cálculo le ayuda a comprender el impacto financiero de su campaña e informa las decisiones sobre futuras inversiones de marketing.

5. Realice pruebas A / B: use pruebas A / B para comparar el rendimiento de diferentes activos creativos, mensajes y tácticas de marketing. Este enfoque basado en datos le ayuda a identificar los elementos más efectivos de su campaña y optimizar sus esfuerzos de marketing en consecuencia.

6. Analice el rendimiento por canal y táctica : desglose el rendimiento de su campaña por canal de marketing y táctica para comprender qué aspectos de su campaña fueron más efectivos. Este análisis granular puede ayudarlo a asignar recursos

de manera más efectiva en futuras campañas y mejorar el rendimiento general de marketing.

7. Evalúe las métricas cualitativas: Además de los KPI cuantitativos, considere métricas cualitativas como el conocimiento de la marca, el sentimiento del cliente y la experiencia general del cliente. Estas métricas pueden proporcionar información valiosa sobre el impacto de su campaña en su público objetivo y ayudarlo a refinar su enfoque de marketing.

8. Revise y aprenda: Realice una revisión exhaustiva del rendimiento de su campaña, evaluando métricas cuantitativas y cualitativas. Identifique las áreas en las que su campaña sobresalió y las áreas donde se podrían realizar mejoras, utilizando estos aprendizajes para informar futuros esfuerzos de marketing.

9. Comparta resultados e ideas: Comunique los resultados de la evaluación de su campaña con su equipo y otras partes interesadas, destacando los éxitos, los desafíos y los aprendizajes clave. Esta transparencia ayuda a fomentar una cultura de mejora continua y garantiza que su equipo esté bien preparado para futuras campañas de marketing.

En conclusión, medir la efectividad de la

campaña y el ROI implica definir KPI, configurar el seguimiento y el análisis, monitorear el rendimiento en tiempo real, calcular el ROI, realizar pruebas A / B, analizar el rendimiento por canal y táctica, evaluar métricas cualitativas, revisar y aprender, y compartir resultados e ideas. Al seguir estas prácticas recomendadas, puede obtener información valiosa sobre el rendimiento de su campaña de marketing, optimizar sus esfuerzos de marketing y maximizar el impacto de sus inversiones en marketing.

Capítulo 8: Construyendo relaciones a largo plazo con los clientes

Parte 1: La importancia de la retención de clientes

La construcción de relaciones a largo plazo con los clientes es esencial para el crecimiento sostenible y el éxito de cualquier negocio. La retención de clientes es un aspecto vital de estas relaciones, ya que retener a los clientes existentes es a menudo más rentable y rentable que adquirir nuevos. En esta parte, discutiremos la importancia de la retención de clientes y su impacto en el crecimiento y los resultados de su negocio.

1. Rentabilidad: La adquisición de nuevos clientes puede ser costosa, ya que a menudo implica importantes esfuerzos de marketing y publicidad. Retener a los clientes existentes es generalmente más rentable, ya que requiere menos inversión en marketing y se puede lograr a través de un excelente servicio al cliente y una entrega de valor consistente.

2. Aumento del valor de por vida del cliente: cuando retiene a los clientes, su valor de por vida (CLV) aumenta, a medida que continúan realizando

compras e interactuando con su marca a lo largo del tiempo. Este mayor valor se traduce en mayores ingresos y rentabilidad para su negocio.

3. Mayor rentabilidad: Los estudios han demostrado que un pequeño aumento en las tasas de retención de clientes puede conducir a un aumento significativo en las ganancias. Los clientes leales a menudo hacen compras más grandes y más frecuentes, lo que lleva a mayores ingresos generales.

4. Defensa del cliente: Los clientes satisfechos y leales tienen más probabilidades de recomendar su marca a sus amigos y familiares, actuando como defensores de la marca. Este marketing de boca en boca puede ayudar a impulsar la adquisición de nuevos clientes y mejorar la reputación de su marca.

5. Tasa de abandono reducida: Al centrarse en la retención de clientes, puede reducir la tasa a la que los clientes interrumpen su relación con su marca o "abandono". Una tasa de abandono más baja es esencial para mantener una base de clientes estable y garantizar un crecimiento sostenible.

6. Comentarios valiosos: Es más probable que los clientes leales proporcionen comentarios sobre sus

productos y servicios, lo que lo ayuda a identificar áreas de mejora y oportunidades de innovación. Esta retroalimentación puede ser invaluable para refinar sus ofertas de productos y la experiencia del cliente.

7. Ventaja competitiva: Un fuerte enfoque en la retención de clientes puede ayudar a diferenciar su marca de los competidores, ya que es más probable que los clientes permanezcan leales a una marca que cumpla o supere constantemente sus expectativas.

8. Comunidad de marca más fuerte: Construir relaciones a largo plazo con sus clientes puede fomentar un sentido de comunidad en torno a su marca, lo que lleva a un mayor compromiso y lealtad del cliente.

En conclusión, la retención de clientes es crucial para el crecimiento sostenible y el éxito de cualquier negocio. Ofrece numerosos beneficios, incluida la rentabilidad, el aumento del valor de por vida del cliente, una mayor rentabilidad, la defensa del cliente, la reducción de la tasa de abandono, la retroalimentación valiosa, la ventaja competitiva y una comunidad de marca más fuerte. Al centrarse en retener a los clientes existentes, puede maximizar el valor de sus relaciones con los clientes e impulsar el éxito a largo plazo para su negocio.

Parte 2: Estrategias de gestión de relaciones con los clientes (CRM)

La gestión de las relaciones con los clientes (CRM) es un enfoque estratégico para gestionar y mejorar las interacciones con los clientes a lo largo de su ciclo de vida. Las estrategias de CRM ayudan a las empresas a construir relaciones a largo plazo con los clientes al comprender sus necesidades, preferencias y comportamientos, lo que permite experiencias más personalizadas y relevantes. En esta parte, discutiremos varias estrategias de CRM que pueden ayudarlo a fortalecer sus relaciones con los clientes y aumentar la retención de clientes.

1. Implemente el software CRM: El software CRM puede ayudarlo a centralizar y administrar los datos de los clientes, lo que le permite comprender mejor las preferencias, hábitos e interacciones de sus clientes con su marca. Este enfoque basado en datos le permite tomar decisiones más informadas sobre sus esfuerzos de marketing, ventas y servicio al cliente.

2. Personalice las experiencias de los clientes: utilice los datos recopilados a través de su software CRM para crear experiencias personalizadas para sus clientes, ya sea a través de campañas de marketing dirigidas, recomendaciones de

productos personalizadas o comunicaciones personalizadas. La personalización puede ayudar a mejorar la satisfacción del cliente y fomentar la lealtad.

3. Segmente su base de clientes: divida a sus clientes en distintos grupos en función de sus características, comportamientos o preferencias. Esta segmentación le permite desarrollar estrategias de marketing específicas y entregar contenido más relevante a cada segmento de clientes.

4. Involucre a los clientes en todos los canales: interactúe con sus clientes a través de múltiples canales, incluidos el correo electrónico, las redes sociales, el teléfono y en persona. Este enfoque omnicanal garantiza que los clientes tengan una experiencia consistente con su marca, independientemente del canal que utilicen para interactuar con usted.

5. Ofrezca un servicio al cliente excepcional: brinde un excelente servicio al cliente para abordar las inquietudes de los clientes, responder preguntas y resolver problemas con prontitud. Una excelente experiencia de servicio al cliente puede afectar significativamente la satisfacción y lealtad del cliente.

6. Desarrolle un programa de lealtad: implemente un programa de lealtad que recompense a los clientes por su patrocinio continuo, fomentando las compras repetidas y el compromiso a largo plazo. Ofrezca descuentos, beneficios o recompensas exclusivas para clientes leales para mostrar su aprecio por su negocio.

7. Solicite comentarios de los clientes: solicite regularmente a sus clientes comentarios sobre sus productos, servicios y experiencia general del cliente. Utilice estos comentarios para identificar áreas de mejora e implementar cambios que mejoren la satisfacción del cliente.

8. Supervise y analice los datos de los clientes: analice continuamente sus datos de CRM para identificar tendencias, patrones y oportunidades de mejora. Utilice estos conocimientos para refinar sus estrategias de marketing, ventas y servicio al cliente, asegurándose de que cumple o supera continuamente las expectativas del cliente.

9. Fomentar relaciones a largo plazo: Concéntrese en construir relaciones a largo plazo con sus clientes al proporcionar constantemente valor, excelente servicio y experiencias relevantes. Este enfoque a largo plazo puede ayudarlo a mantener

una base de clientes estable e impulsar un crecimiento sostenible.

En conclusión, las estrategias efectivas de CRM implican implementar software CRM, personalizar las experiencias de los clientes, segmentar su base de clientes, involucrar a los clientes en todos los canales, ofrecer un servicio al cliente excepcional, desarrollar un programa de lealtad, solicitar comentarios de los clientes, monitorear y analizar los datos de los clientes y fomentar las relaciones a largo plazo. Al incorporar estas estrategias en su negocio, puede fortalecer sus relaciones con los clientes, aumentar la retención de clientes e impulsar el éxito a largo plazo.

Parte 3: Personalización y personalización en marketing

La personalización y la personalización juegan un papel cada vez más importante en las estrategias de marketing modernas, ya que permiten a las empresas ofrecer experiencias más relevantes y atractivas a sus clientes. Al adaptar el contenido, las ofertas y las interacciones a las preferencias y comportamientos individuales de los clientes, las empresas pueden crear conexiones más significativas y fomentar la lealtad a largo plazo. En esta parte, discutiremos la importancia de la personalización y la personalización en marketing y cómo implementar estas estrategias de manera efectiva.

1. Comprenda a sus clientes: Para personalizar y personalizar sus esfuerzos de marketing, primero debe comprender las necesidades, preferencias y comportamientos de sus clientes. Recopile y analice datos de diversas fuentes, incluidos sistemas CRM, redes sociales, análisis web y encuestas a clientes, para obtener información sobre sus clientes.

2. Segmente su audiencia: divida su base de clientes en segmentos basados en sus características, preferencias y comportamientos.

Esta segmentación le permite adaptar sus esfuerzos de marketing para resonar mejor con cada grupo.

3. Crear contenido personalizado: Desarrollar contenido que responda a las necesidades e intereses únicos de cada segmento de clientes. El contenido personalizado puede incluir publicaciones de blog específicas, videos, publicaciones en redes sociales o campañas de correo electrónico que se adaptan a las preferencias específicas de los clientes o abordan puntos débiles particulares .

4. Implemente recomendaciones de productos personalizadas: utilice los datos y conocimientos de los clientes para ofrecer recomendaciones personalizadas de productos o servicios a clientes individuales. Estas recomendaciones pueden basarse en factores como el historial de navegación, las compras anteriores o las preferencias indicadas a través de encuestas o comentarios.

5. Aproveche la automatización de marketing: las herramientas de automatización de marketing pueden ayudarlo a entregar contenido personalizado y ofertas a los clientes en función de sus interacciones con su marca. Utilice estas herramientas para automatizar procesos como

campañas de correo electrónico, publicaciones en redes sociales y orientación de anuncios, asegurando que sus clientes reciban contenido oportuno y relevante.

6. Utilice contenido dinámico: incorpore contenido dinámico en sus materiales de marketing, que se adapte automáticamente en función de las características o el comportamiento del espectador. Esto puede incluir elementos como saludos personalizados por correo electrónico, contenido dinámico del sitio web o creatividad publicitaria personalizada.

7. Ofrezca servicios personalizados: proporcione servicios personalizados a sus clientes, como consultas personalizadas, paquetes de productos personalizados o soporte individualizado, para abordar sus necesidades únicas y crear una experiencia de cliente más memorable.

8. Mida y optimice: supervise continuamente el rendimiento de sus esfuerzos de personalización y personalización, utilizando métricas como el compromiso, la conversión y la satisfacción del cliente. Utilice estos conocimientos para optimizar sus estrategias, asegurándose de que está entregando constantemente experiencias relevantes y atractivas a sus clientes.

9. Equilibre la personalización con la privacidad: Si bien la personalización puede mejorar las experiencias de los clientes, es esencial equilibrar esto con el respeto a la privacidad del cliente. Sea transparente sobre sus prácticas de recopilación de datos, permita que los clientes controlen sus preferencias de datos y asegúrese de cumplir con las regulaciones de privacidad de datos relevantes.

En conclusión, la personalización y la personalización en marketing implican comprender a sus clientes, segmentar su audiencia, crear contenido personalizado, implementar recomendaciones de productos personalizadas, aprovechar la automatización de marketing, utilizar contenido dinámico, ofrecer servicios personalizados, medir y optimizar, y equilibrar la personalización con la privacidad. Al incorporar estas estrategias en sus esfuerzos de marketing, puede crear conexiones más significativas con sus clientes, fomentar la lealtad a largo plazo e impulsar el crecimiento de su negocio.

Parte 4: Programas de lealtad y recompensas

Los programas de lealtad y las recompensas son herramientas poderosas para construir relaciones a largo plazo con los clientes y fomentar la repetición de negocios. Estos programas ofrecen incentivos a los clientes por su patrocinio continuo, fomentando un sentido de lealtad y conexión con su marca. En esta parte, discutiremos los beneficios de los programas de lealtad y recompensas y exploraremos estrategias para diseñar e implementar programas efectivos.

1. Beneficios de los programas de lealtad y recompensas:
   - Aumentar las tasas de retención de clientes
   - Aumentar el valor de vida del cliente (CLV)
   - Fomentar la repetición de compras
   - Fortalecer la lealtad a la marca
   - Atraer nuevos clientes a través de referencias
   - Mejorar el compromiso del cliente
   - Diferencie su marca de la competencia
   - Recopilar datos e información valiosos de los clientes

2. Tipos de programas de fidelización:
   - Programas basados en puntos: Los clientes

ganan puntos por compras u otras acciones, que pueden canjearse por recompensas o descuentos.

Programas escalonados: los clientes reciben beneficios cada vez mayores a medida que alcanzan niveles más altos en función de sus niveles de gasto o compromiso.

- Programas de devolución de dinero: Los clientes reciben un porcentaje de sus gastos en forma de efectivo o crédito de la tienda.

- Programas de membresía: Los clientes pagan una tarifa para acceder a beneficios y beneficios exclusivos.

3. Diseñar un programa de lealtad efectivo:

- Alinearse con los valores de su marca: asegúrese de que su programa refleje la identidad y los valores únicos de su marca.

- Manténgalo simple: Diseñe un programa que sea fácil de entender y participar para los clientes.

- Ofrece recompensas significativas: proporciona recompensas que sean valiosas y relevantes para tus clientes, como descuentos, productos exclusivos o experiencias especiales.

Fomente el compromiso: incentive acciones más allá de las compras, como compartir en redes sociales, referencias o revisiones de productos, para fomentar conexiones más profundas con los clientes.

- Comunícate regularmente: Mantén a los clientes informados sobre el estado de sus recompensas, actualizaciones del programa y ofertas especiales a través de comunicaciones específicas.

4. Implementación y gestión de su programa de fidelización:

- Elija la tecnología adecuada: seleccione una plataforma o software de programa de lealtad que admita la estructura de su programa, se integre con sus sistemas existentes y proporcione funciones de análisis e informes.

- Capacite a su personal: Asegúrese de que los empleados entiendan el programa, sus beneficios y cómo comunicar su valor a los clientes de manera efectiva.

- Promueva su programa: Comercialice su programa de lealtad a través de varios canales, como señalización en la tienda, correo electrónico, redes sociales y su sitio web, para atraer nuevos miembros y recordar a los miembros existentes sus beneficios.

- Analice y optimice: supervise continuamente el rendimiento de su programa utilizando métricas clave, como la tasa de retención, el valor promedio de transacción y la participación en el programa. Utilice estos conocimientos para optimizar su programa y maximizar su impacto en la lealtad y satisfacción del cliente.

En conclusión, los programas de lealtad y las recompensas pueden mejorar significativamente su capacidad para construir relaciones a largo plazo con los clientes e impulsar la repetición de negocios. Al diseñar un programa que se alinee con los valores de su marca, ofrezca recompensas significativas, fomente el compromiso y se implemente y administre de manera efectiva, puede fomentar una base de clientes leales e impulsar el crecimiento sostenible de su negocio.

Capítulo 9: Prácticas éticas de marketing

Parte 1: El papel de la ética en el marketing

La ética juega un papel crucial en el marketing, ya que guía los principios y valores que dan forma a las prácticas de marketing de una empresa. El marketing ético no solo beneficia a los clientes al garantizar que sean tratados de manera justa y con respeto, sino que también fortalece la reputación de una empresa y fomenta la confianza entre su público objetivo. En esta parte, discutiremos el papel de la ética en el marketing y la importancia de adherirse a los principios éticos en sus estrategias de marketing.

1. Comprender el marketing ético: El marketing ético implica tomar decisiones de marketing e implementar prácticas que respeten a los clientes, competidores y la comunidad en general. Abarca varios aspectos, como la publicidad veraz, la transparencia de precios, la protección de la privacidad del consumidor y la promoción de comportamientos socialmente responsables.

2. La importancia de la ética en el marketing:
   - Generar confianza en el cliente: Las prácticas

éticas de marketing demuestran a los clientes que su empresa valora su bienestar y se compromete a actuar en su mejor interés.

Mejorar la reputación de la marca: Una empresa con una reputación de marketing ético tiene más probabilidades de atraer clientes que valoran la transparencia, la honestidad y la responsabilidad social.

- Fomentar la lealtad del cliente: Es más probable que los clientes permanezcan leales a las empresas que los tratan de manera justa y priorizan sus necesidades.

- Fomentar el boca a boca positivo: Las prácticas de marketing ético pueden conducir a experiencias positivas para los clientes, lo que puede generar referencias y recomendaciones.

- Cumplir con las regulaciones: Adherirse a las pautas éticas puede ayudar a las empresas a evitar problemas legales y sanciones relacionadas con publicidad falsa, precios injustos o prácticas poco éticas.

3. Principios del marketing ético:

- Honestidad y transparencia: Sea veraz y preciso en sus mensajes de marketing , y evite prácticas engañosas o engañosas.

- Respeto por la privacidad: Proteja los datos de los clientes y respete sus preferencias de privacidad, asegurándose de que cumple con las regulaciones de privacidad de datos relevantes.

- Equidad y equidad: Tratar a los clientes de manera justa, independientemente de sus características demográficas o estatus socioeconómico, y evitar prácticas discriminatorias.

Responsabilidad social: Considere los impactos sociales y ambientales más amplios de sus actividades de marketing y esfuércese por promover un cambio positivo a través de sus esfuerzos de marketing.

4. Implementación de prácticas éticas de marketing:

Desarrolle un código de ética: establezca un código de ética que describa el compromiso de su empresa con las prácticas éticas de marketing y proporcione pautas para que los empleados las sigan.

- Capacitar a los empleados: Proporcionar capacitación y recursos para ayudar a los empleados a comprender la importancia del marketing ético y cómo aplicar los principios éticos en su trabajo diario.

Fomentar la comunicación abierta: Crear un entorno en el que los empleados se sientan cómodos planteando preocupaciones éticas o discutiendo posibles dilemas éticos.

Supervise y haga cumplir el cumplimiento: revise regularmente sus prácticas de marketing para asegurarse de que se adhieran a las pautas éticas de su empresa y aborde cualquier violación de manera rápida y efectiva.

En conclusión, el papel de la ética en el marketing es esencial para crear confianza, mejorar la reputación de la marca, fomentar la lealtad del cliente, fomentar el boca a boca positivo y garantizar el cumplimiento normativo. Al adherirse a principios éticos, como la honestidad, la transparencia, el respeto por la privacidad, la equidad y la responsabilidad social, e implementar prácticas de marketing éticas, su empresa puede construir relaciones sólidas y duraderas con los clientes e impulsar el crecimiento empresarial sostenible.

Parte 2: Navegar por el cumplimiento legal y normativo

El cumplimiento legal y normativo es un aspecto crítico del marketing ético, ya que garantiza que las empresas se adhieran a las leyes y regulaciones que rigen la publicidad, la protección del consumidor, la privacidad y otras áreas relacionadas con el marketing. En esta parte, discutiremos la importancia del cumplimiento legal y regulatorio en marketing y proporcionaremos orientación sobre cómo navegar estos requisitos de manera efectiva.

1. La importancia del cumplimiento legal y normativo:

- Proteger a los consumidores: El cumplimiento de las leyes y regulaciones de marketing ayuda a garantizar que los consumidores reciban un trato justo y se les proporcione información precisa sobre productos y servicios.

- Preservar la reputación de su empresa: Adherirse a los requisitos legales y reglamentarios ayuda a mantener la credibilidad de su empresa y demuestra un compromiso con las prácticas comerciales éticas.

- Evite multas y sanciones: El incumplimiento puede resultar en sanciones financieras significativas, acciones legales y daños a la reputación.

Fomentar una cultura de cumplimiento: garantizar el cumplimiento legal y normativo en sus actividades de marketing contribuye a una cultura de toda la empresa que valora el comportamiento ético y la responsabilidad.

2. Áreas clave de cumplimiento legal y normativo en marketing:

- Publicidad y promociones: Asegúrese de que sus materiales publicitarios y promocionales sean veraces, precisos y no induzcan a error o engañen a los consumidores. Cumplir con regulaciones específicas relacionadas con reclamos publicitarios, respaldos, testimonios y ofertas especiales.

- Protección al consumidor: Adherirse a las leyes de protección al consumidor que rigen los precios, la seguridad del producto, las garantías y los reembolsos, asegurando que los clientes reciban un trato justo y que se respeten sus derechos.

- Privacidad y protección de datos: Cumplir con las leyes de protección de datos y privacidad, como el Reglamento General de Protección de Datos (GDPR) o la Ley de Privacidad del Consumidor de California (CCPA), para proteger los datos de los clientes y respetar sus preferencias de privacidad.

- Propiedad intelectual: respete los derechos de propiedad intelectual de otros, incluidos los derechos de autor, las marcas comerciales y las patentes, y asegúrese de que sus materiales de marketing no infrinjan estos derechos.

3. Estrategias para navegar por el cumplimiento legal y normativo:

- Desarrolle un programa de cumplimiento: establezca un programa de cumplimiento integral que describa el compromiso de su empresa de cumplir con los requisitos legales y reglamentarios y proporcione pautas para que los empleados las sigan.

- Asigne responsabilidades: Designe un oficial o equipo de cumplimiento para supervisar los esfuerzos de cumplimiento de marketing de su empresa y garantizar que los empleados comprendan sus responsabilidades en el mantenimiento del cumplimiento.

- Capacitar a los empleados: Proporcionar capacitación y recursos para ayudar a los empleados a comprender los requisitos legales y reglamentarios relevantes para sus roles de marketing y cómo aplicar estos requisitos en su trabajo diario.

- Realizar auditorías periódicas: revise periódicamente sus prácticas de marketing, materiales y procesos de manejo de datos para garantizar el cumplimiento continuo de las leyes y regulaciones aplicables.

- Busque asesoramiento experto: consulte con expertos legales y regulatorios, según sea necesario, para ayudarlo a navegar por problemas complejos de cumplimiento y mantenerse informado sobre los cambios en las leyes y regulaciones que pueden afectar sus actividades de marketing.

En conclusión, navegar por el cumplimiento legal y normativo en marketing es crucial para proteger a los consumidores, preservar la reputación de su empresa, evitar multas y sanciones, y fomentar una cultura de cumplimiento. Al centrarse en áreas clave como publicidad y promociones, protección del consumidor, privacidad y protección de datos, y propiedad intelectual, y emplear estrategias como desarrollar un programa de cumplimiento, asignar responsabilidades, capacitar a los empleados, realizar auditorías periódicas y buscar asesoramiento experto, su empresa puede administrar eficazmente sus obligaciones de cumplimiento y mantener prácticas de marketing éticas.

Parte 3: Marketing Socialmente Responsable

El marketing socialmente responsable implica considerar los impactos sociales y ambientales más amplios de sus actividades de marketing y esforzarse por promover un cambio positivo a través de sus esfuerzos de marketing. Refleja el compromiso de una empresa con la responsabilidad social corporativa (RSE) y su deseo de contribuir al bienestar de sus clientes, la comunidad y el medio ambiente. En esta parte, discutiremos los principios del marketing socialmente responsable y proporcionaremos orientación sobre cómo incorporar estos principios en sus estrategias de marketing.

1. Principios del Marketing Socialmente Responsable:

- Promover la sostenibilidad: Esforzarse por reducir el impacto ambiental de sus actividades de marketing y fomentar el consumo sostenible mediante la promoción de productos y prácticas ecológicas.

- Apoyar el bienestar de la comunidad: Utilice sus esfuerzos de marketing para abordar problemas sociales, apoyar a las comunidades locales y contribuir a causas benéficas que se alinean con los valores y la misión de su empresa.

- Fomentar el consumo ético: Promover

productos y servicios que se produzcan y entreguen de manera ética, con respeto a los derechos humanos, prácticas laborales justas y bienestar animal.

Fomentar la diversidad y la inclusión: Asegúrese de que sus mensajes e imágenes de marketing representen diversas perspectivas e incluyan diferentes orígenes culturales, grupos de edad, géneros y habilidades.

2. Estrategias para implementar el marketing socialmente responsable:

- Alinearse con los valores de su marca: Asegúrese de que sus iniciativas de marketing socialmente responsables reflejen los valores fundamentales de su empresa y sean auténticas para su identidad de marca.

- Involucrar a las partes interesadas: Colabore con empleados, clientes, proveedores y miembros de la comunidad para identificar problemas sociales y ambientales que sean relevantes para su negocio y desarrollar iniciativas de marketing que aborden estas preocupaciones.

Comunique su impacto: comparta las historias y los éxitos de sus esfuerzos de marketing socialmente responsables a través de varios canales de marketing, como su sitio web, redes sociales y campañas de correo electrónico, para crear conciencia e inspirar a otros a tomar medidas.

Mida e informe el progreso: supervise el impacto de sus iniciativas de marketing socialmente responsables utilizando indicadores clave de rendimiento (KPI) y comparta su progreso con las partes interesadas a través de informes anuales de RSC u otras comunicaciones.

3. Ejemplos de iniciativas de marketing socialmente responsable:

- Marketing relacionado con la causa: Asóciese con una organización o causa sin fines de lucro para crear conciencia y recaudar fondos a través de campañas de marketing conjuntas, como donar una parte de las ventas a la causa o patrocinar eventos comunitarios.

Marketing verde: promueva productos y servicios ecológicos, destaque las iniciativas ambientales de su empresa y aliente a los clientes a adoptar comportamientos sostenibles, como el reciclaje o la conservación de energía.

- Marketing de comercio justo: Apoye las prácticas de comercio justo mediante la obtención de productos de proveedores que se adhieren a las normas laborales éticas y la promoción de estos productos a sus clientes.

Marketing inclusivo: Cree campañas de marketing que celebren la diversidad y la inclusión, con personas de diversos orígenes y mostrando productos o servicios que se adapten a un público diverso.

En conclusión, el marketing socialmente responsable juega un papel vital para demostrar el compromiso de su empresa con la responsabilidad social corporativa y contribuir al bienestar de sus clientes, la comunidad y el medio ambiente. Al adoptar los principios del marketing socialmente responsable, como promover la sostenibilidad, apoyar el bienestar de la comunidad, fomentar el consumo ético y fomentar la diversidad y la inclusión, e implementar estrategias como alinearse con los valores de su marca, involucrar a las partes interesadas, comunicar su impacto y medir el progreso, su empresa puede marcar una diferencia positiva y fortalecer su reputación como un negocio responsable y ético.

Parte 4: Generar confianza a través de la transparencia y la autenticidad

La confianza es la base de las relaciones sólidas con los clientes y el éxito del marketing a largo plazo. Al adoptar la transparencia y la autenticidad en sus esfuerzos de marketing, puede establecer confianza con su público objetivo y crear una base de clientes leales. En esta parte, discutiremos la importancia de la transparencia y la autenticidad en el marketing y proporcionaremos orientación sobre cómo generar confianza con sus clientes a través de estos principios.

1. La importancia de la transparencia y la autenticidad en el marketing:

Mejorar la credibilidad: Ser transparente y auténtico en sus esfuerzos de marketing demuestra el compromiso de su empresa con la honestidad, la integridad y las prácticas comerciales éticas, que pueden mejorar la credibilidad de su marca.

Fomentar la lealtad del cliente: es más probable que los clientes permanezcan leales a las marcas que son abiertas, honestas y genuinas en sus comunicaciones de marketing.

- Fomentar el boca a boca positivo: La transparencia y la autenticidad pueden conducir a experiencias positivas para los clientes, lo que puede generar referencias y recomendaciones.

- Mitigar el riesgo de reputación: Al ser transparente y auténtico, puede reducir el riesgo de publicidad negativa y daños a la reputación resultantes de prácticas de marketing engañosas o poco éticas.

2. Estrategias para generar confianza a través de la transparencia y la autenticidad:

Sea honesto en sus mensajes de marketing: asegúrese de que sus materiales de marketing sean precisos, veraces y no engañen ni engañen a los clientes. Evite hacer afirmaciones exageradas o promesas que no pueda cumplir.

- Divulgar información relevante: Proporcione a los clientes la información que necesitan para tomar decisiones de compra informadas, como especificaciones de productos, detalles de precios y los términos y condiciones aplicables.

Sea abierto acerca de sus prácticas comerciales: Comparta información sobre las operaciones, la cadena de suministro y los estándares éticos de su empresa para demostrar su compromiso con las prácticas comerciales responsables.

Comparta la historia de su empresa: comunique la historia, la misión y los valores de su empresa para ayudar a los clientes a comprender a las personas y el propósito detrás de su marca.

- Mostrar vulnerabilidad y humildad: Reconozca

los errores o deficiencias de su empresa y demuestre voluntad de aprender y mejorar.

3. Ejemplos de iniciativas de marketing transparentes y auténticas:

Transparencia del producto: Divulgue claramente los ingredientes, materiales o información de abastecimiento del producto para ayudar a los clientes a comprender las implicaciones ambientales, sociales y éticas de sus compras.

- Precios transparentes: proporcione información clara y detallada sobre los precios, incluidas las tarifas, impuestos o gastos de envío, para que los clientes sepan exactamente lo que están pagando.

- Narración auténtica: utilice historias de la vida real, testimonios y estudios de casos para demostrar el impacto de sus productos o servicios en la vida de los clientes, mostrando tanto los éxitos como los desafíos.

- Diálogo abierto: fomente la comunicación abierta con sus clientes respondiendo a sus preguntas, inquietudes y comentarios en las redes sociales, plataformas de revisión y otros canales de comunicación.

En conclusión, generar confianza a través de

la transparencia y la autenticidad es esencial para establecer relaciones sólidas con los clientes e impulsar el éxito del marketing a largo plazo. Al adoptar estrategias como ser honesto en sus mensajes de marketing, revelar información relevante, ser abierto sobre sus prácticas comerciales, compartir la historia de su empresa y mostrar vulnerabilidad y humildad, su empresa puede fomentar la confianza, mejorar la credibilidad, fomentar la lealtad del cliente y mitigar el riesgo de reputación.

Capítulo 10: Tendencias futuras en marketing

Parte 1: El creciente papel de la inteligencia artificial y el aprendizaje automático

A medida que la tecnología continúa evolucionando, la inteligencia artificial (IA) y el aprendizaje automático (ML) desempeñan un papel cada vez más destacado en el marketing. Estas tecnologías avanzadas pueden ayudar a los especialistas en marketing a optimizar sus esfuerzos, obtener información más profunda sobre los clientes y ofrecer experiencias más personalizadas y relevantes. En esta parte, discutiremos el creciente papel de AI y ML en el marketing y exploraremos algunas de las formas en que estas tecnologías están dando forma al futuro de la industria.

1. El impacto de la IA y el ML en el marketing:

Análisis de datos mejorado: AI y ML pueden procesar y analizar grandes cantidades de datos de marketing de manera rápida y eficiente, lo que permite a los especialistas en marketing descubrir patrones ocultos, tendencias y conocimientos que serían difíciles de identificar manualmente.

Personalización mejorada: al analizar el

comportamiento y las preferencias de los clientes , AI y ML pueden ayudar a los especialistas en marketing a crear campañas de marketing altamente personalizadas que resuenen con los consumidores individuales e impulsan el compromiso.

Automatización y eficiencia: las herramientas impulsadas por IA pueden automatizar muchas tareas rutinarias de marketing, como la generación de contenido, el marketing por correo electrónico y la gestión de redes sociales, liberando tiempo para que los especialistas en marketing se centren en iniciativas más estratégicas.

Análisis predictivo: los algoritmos de ML pueden analizar datos históricos para predecir comportamientos, preferencias y tendencias futuras de los clientes, lo que permite a los especialistas en marketing tomar decisiones más informadas y optimizar sus campañas.

2. Ejemplos de aplicaciones de IA y ML en marketing:

Chatbots y asistentes virtuales: los chatbots y asistentes virtuales impulsados por IA pueden proporcionar atención al cliente en tiempo real, responder preguntas y guiar a los usuarios a través del proceso de compra, mejorando la experiencia general del cliente.

Generación y curación de contenido: las

herramientas impulsadas por IA pueden crear y curar contenido con fines de marketing, como publicaciones de blog, actualizaciones de redes sociales e incluso guiones de video, según parámetros específicos y preferencias de audiencia.

Segmentación y orientación de clientes: los algoritmos de ML pueden analizar los datos de los clientes para identificar segmentos significativos y dirigirse a estos grupos con mensajes de marketing, ofertas y promociones personalizadas.

Análisis de sentimiento: la IA puede analizar las redes sociales y las revisiones en línea para medir el sentimiento del consumidor hacia una marca, producto o servicio, proporcionando comentarios valiosos para que los especialistas en marketing refinen sus estrategias.

3. Preparación para el futuro de la IA y el ML en marketing:

Manténgase informado: manténgase al día con los últimos desarrollos en tecnologías de IA y ML y sus aplicaciones en marketing, asegurándose de estar al tanto de las tendencias emergentes y las mejores prácticas.

- Invierta en el desarrollo de habilidades: anime a su equipo de marketing a desarrollar habilidades en IA y ML, como análisis de datos, programación y técnicas de aprendizaje automático.

Experimente con herramientas impulsadas por IA: pruebe y evalúe diferentes herramientas y plataformas de marketing impulsadas por IA para determinar cuáles satisfacen mejor sus necesidades y pueden ayudarlo a alcanzar sus objetivos de marketing.

- Colabore con expertos: asóciese con expertos o consultorías de IA y ML para aprovechar sus conocimientos y experiencia en la implementación de estas tecnologías en sus esfuerzos de marketing.

En conclusión, el creciente papel de la IA y el ML en el marketing está destinado a transformar la industria, ofreciendo nuevas oportunidades para mejorar el análisis de datos, la personalización, la automatización y el análisis predictivo. Al mantenerse informado sobre estas tecnologías emergentes, invertir en el desarrollo de habilidades, experimentar con herramientas impulsadas por IA y colaborar con expertos, los especialistas en marketing pueden aprovechar eficazmente el poder de la IA y el ML para mejorar sus estrategias de marketing e impulsar el éxito futuro.

Parte 2: El impacto de la realidad aumentada y virtual

La realidad aumentada (AR) y la realidad virtual (VR) están cambiando rápidamente el panorama del marketing, ofreciendo formas nuevas e inmersivas para que las marcas interactúen con sus clientes. Estas tecnologías brindan oportunidades innovadoras para crear campañas de marketing interactivas y experienciales que pueden cautivar al público y mejorar las experiencias de marca. En esta parte, discutiremos el impacto de AR y VR en el marketing y exploraremos algunas de las formas en que estas tecnologías están dando forma al futuro de la industria.

1. El impacto de AR y VR en el marketing:

Experiencias de cliente mejoradas: AR y VR permiten a los especialistas en marketing crear experiencias inmersivas e interactivas que atraen a los clientes en un nivel más profundo, fomentando las conexiones emocionales con la marca.

Visualización mejorada del producto: Estas tecnologías permiten a los clientes visualizar productos en entornos realistas y tridimensionales, lo que les facilita imaginar cómo se verán y funcionarán los productos en entornos de la vida real.

Mayor conciencia de marca y compromiso: las

campañas innovadoras de marketing de AR y VR pueden generar rumores e impulsar el intercambio social, ayudando a las marcas a llegar a nuevas audiencias y aumentar el compromiso.

Experiencias personalizadas: AR y VR se pueden adaptar a las preferencias y comportamientos individuales, proporcionando experiencias personalizadas que se adaptan a las necesidades e intereses únicos de cada cliente.

2. Ejemplos de aplicaciones de AR y VR en marketing:

- Demostraciones virtuales de productos: las marcas pueden usar la realidad virtual para mostrar sus productos en entornos 3D inmersivos, lo que permite a los clientes explorar características y funcionalidades en un entorno virtual.

- Experiencias minoristas aumentadas: AR se puede utilizar en entornos minoristas para proporcionar a los clientes información adicional sobre productos, probadores virtuales o mapas interactivos de tiendas.

Contenido de marca inmersivo: las marcas pueden crear contenido atractivo de AR y VR, como juegos, videos interactivos o recorridos virtuales, para promocionar sus productos y servicios.

- Experiencias de eventos en vivo: AR y VR se pueden utilizar para mejorar los eventos en vivo, como lanzamientos de productos o conferencias, al proporcionar a los asistentes experiencias virtuales interactivas que complementan el evento físico.

3. Preparación para el futuro de AR y VR en marketing:

- Manténgase informado: Manténgase al día con los últimos desarrollos en tecnologías AR y VR y sus aplicaciones en marketing, asegurándose de estar al tanto de las tendencias emergentes y las mejores prácticas.

- Invierta en el desarrollo de habilidades: anime a su equipo de marketing a desarrollar habilidades en AR y VR, como creación de contenido, modelado 3D y diseño de experiencia de usuario.

- Experimente con plataformas AR y VR: pruebe y evalúe diferentes herramientas y plataformas de marketing AR y VR para determinar cuáles satisfacen mejor sus necesidades y pueden ayudarlo a alcanzar sus objetivos de marketing.

- Colabore con expertos: asóciese con expertos o consultorías de AR y VR para aprovechar sus conocimientos y experiencia en la implementación de estas tecnologías en sus esfuerzos de marketing.

En conclusión, el impacto de AR y VR en el marketing revolucionará la industria, ofreciendo nuevas oportunidades para mejorar las experiencias de los clientes, mejorar la visualización del producto, aumentar el conocimiento de la marca y experiencias personalizadas. Al mantenerse informado sobre estas tecnologías emergentes, invertir en el desarrollo de habilidades, experimentar con plataformas de AR y VR y colaborar con expertos, los especialistas en marketing pueden aprovechar efectivamente el poder de AR y VR para mejorar sus estrategias de marketing e impulsar el éxito futuro.

Parte 3: El auge del marketing conversacional y de voz

La creciente popularidad de los asistentes de voz y los altavoces inteligentes ha llevado a un cambio significativo en la forma en que las personas interactúan con la tecnología. El marketing de voz y conversacional está emergiendo como componentes esenciales de las estrategias de marketing modernas, ya que las marcas se esfuerzan por crear experiencias más naturales y atractivas para sus clientes. En esta parte, discutiremos el aumento del marketing de voz y conversacional y exploraremos algunas de las formas en que estas tendencias están dando forma al futuro de la industria.

1. El impacto del marketing de voz y conversacional en el marketing:

- Mejora del compromiso del cliente: el marketing de voz y conversacional permite a las marcas conectarse con sus clientes a través de interacciones más naturales e intuitivas, lo que resulta en mayores niveles de compromiso.

Personalización mejorada: al aprovechar los datos de las interacciones de voz, los especialistas en marketing pueden obtener información valiosa sobre las preferencias individuales de los clientes y adaptar sus esfuerzos de marketing en consecuencia.

- Mayor alcance: El marketing de voz permite a las marcas llegar a nuevas audiencias, como usuarios con discapacidad visual o aquellos que prefieren interacciones manos libres.

Mayor eficiencia: el marketing conversacional puede agilizar el recorrido del cliente al proporcionar un acceso rápido y fácil a la información y el soporte a través de interacciones basadas en la voz.

2. Ejemplos de aplicaciones de marketing conversacional y de voz:

Contenido activado por voz: las marcas pueden crear contenido activado por voz, como podcasts, sesiones informativas o meditaciones guiadas, a las que se puede acceder a través de asistentes de voz y altavoces inteligentes.

Optimización de la búsqueda por voz: a medida que la búsqueda por voz se vuelve más frecuente, los especialistas en marketing deben optimizar su contenido y la estructura del sitio web para que se puedan descubrir fácilmente a través de consultas basadas en voz.

Publicidad basada en voz: las marcas pueden aprovechar los anuncios de voz en plataformas como Amazon Alexa o Google Assistant para llegar a los clientes a través de contenido de audio y dispositivos habilitados para voz.

Chatbots y asistentes virtuales: los chatbots conversacionales impulsados por IA pueden proporcionar soporte y asistencia personalizados a través de interacciones basadas en voz o texto, guiando a los clientes a través del proceso de compra y respondiendo preguntas frecuentes.

3. Prepararse para el futuro del marketing de voz y conversacional:

Manténgase informado: Manténgase al día con los últimos desarrollos en tecnologías de marketing conversacional y de voz y sus aplicaciones en marketing, asegurándose de estar al tanto de las tendencias emergentes y las mejores prácticas.

- Invierta en el desarrollo de habilidades: anime a su equipo de marketing a desarrollar habilidades en marketing de voz y conversacional, como diseño de interfaz de usuario de voz, redacción conversacional y optimización de búsqueda por voz.

- Experimente con plataformas basadas en voz: pruebe y evalúe diferentes herramientas y plataformas de marketing conversacional y de voz para determinar cuáles satisfacen mejor sus necesidades y pueden ayudarlo a alcanzar sus objetivos de marketing.

- Colabore con expertos: asóciese con expertos en

marketing conversacional y de voz o consultorías para aprovechar sus conocimientos y experiencia en la implementación de estas tecnologías en sus esfuerzos de marketing.

En conclusión, el aumento del marketing de voz y conversacional está destinado a transformar la industria, ofreciendo nuevas oportunidades para mejorar el compromiso del cliente, mejorar la personalización, ampliar el alcance y aumentar la eficiencia. Al mantenerse informado sobre estas tendencias emergentes, invertir en el desarrollo de habilidades, experimentar con plataformas basadas en voz y colaborar con expertos, los especialistas en marketing pueden aprovechar eficazmente el poder del marketing de voz y conversacional para mejorar sus estrategias de marketing e impulsar el éxito futuro.

Parte 4: Preparación para el futuro del marketing y más allá

A medida que el panorama del marketing continúa evolucionando, es crucial que los especialistas en marketing se mantengan a la vanguardia de las tendencias y tecnologías emergentes para garantizar que sus estrategias sigan siendo relevantes y efectivas. Esta parte final del capítulo proporcionará información sobre cómo prepararse para el futuro del marketing y más allá, incluidos consejos para mantenerse informado, fomentar una cultura de innovación y aceptar el cambio.

1. Manténgase informado y proactivo:

- Monitoree las noticias de la industria: Manténgase al día con los últimos desarrollos en marketing, tecnología y comportamiento del consumidor para mantenerse informado sobre las tendencias emergentes y las mejores prácticas.

- Participar en eventos de la industria: asista a conferencias, talleres y seminarios web para obtener información de líderes de opinión, aprender sobre nuevas tecnologías y establecer contactos con compañeros.

- Invierta en educación continua: anime a su equipo de marketing a buscar oportunidades de desarrollo profesional, como cursos en línea, certificaciones o talleres, para mantenerse al día con las últimas herramientas y técnicas de marketing.

2. Fomentar una cultura de innovación y experimentación:

Fomenta la creatividad: crea un entorno que apoye y celebre el pensamiento creativo, y anima a tu equipo a explorar nuevas ideas y enfoques.

Aceptar el fracaso: Reconocer que no todos los experimentos tendrán éxito, y ver los fracasos como valiosas oportunidades de aprendizaje que pueden informar estrategias futuras.

Implementar metodologías ágiles: adopte prácticas de marketing ágiles, como la planificación iterativa y la toma de decisiones basada en datos, para permitir que su equipo se adapte rápidamente a las condiciones cambiantes del mercado y las preferencias de los consumidores.

3. Adoptar nuevas tecnologías y plataformas:

Evalúe las herramientas emergentes: evalúe regularmente las últimas herramientas y plataformas de marketing para determinar cuáles tienen el potencial de mejorar sus esfuerzos de marketing y ayudarlo a alcanzar sus objetivos.

- Invierta en tecnología: asigne recursos para invertir en nuevas tecnologías que puedan agilizar sus procesos de marketing, mejorar las experiencias de los clientes e impulsar el crecimiento.

- Asóciese con expertos: Colabore con expertos en tecnología o consultorías para aprovechar sus conocimientos y experiencia en la implementación de nuevas herramientas y plataformas en sus esfuerzos de marketing.

4. Centrarse en la centralidad del cliente:

- Ponga al cliente primero: asegúrese de que sus estrategias de marketing prioricen las necesidades, preferencias y expectativas de sus clientes, fomentando la lealtad y la defensa a largo plazo.

Adopte la personalización: aproveche los datos y los conocimientos para crear experiencias de marketing personalizadas que se adapten a las preferencias y comportamientos individuales de los clientes.

Optimice continuamente el recorrido del cliente: evalúe y perfeccione regularmente los puntos de contacto con sus clientes para garantizar una experiencia perfecta y agradable en todos los canales y etapas del viaje del comprador.

5. Prepárese para prácticas de marketing éticas y sostenibles:

Comprométase con el marketing ético: desarrolle y adhiera a un código de ética que describa el compromiso de su organización con prácticas de marketing responsables, honestas y transparentes.

Priorizar la sostenibilidad: incorpore prácticas sostenibles en sus esfuerzos de marketing, como reducir el desperdicio, adoptar materiales ecológicos y apoyar causas sociales.

- Genere confianza y autenticidad: Fomente relaciones duraderas con los clientes siendo transparente, auténtico y responsable en todas sus iniciativas de marketing.

En conclusión, prepararse para el futuro del marketing y más allá requiere mantenerse informado, fomentar una cultura de innovación, adoptar nuevas tecnologías, centrarse en la centralidad del cliente y comprometerse con prácticas éticas y sostenibles. Al adoptar estas estrategias, los especialistas en marketing pueden navegar de manera efectiva en el panorama de marketing en constante cambio e impulsar el éxito continuo de sus marcas.

En conclusión, "The Art of Marketing: Mastering Strategies for Success in a Dynamic Landscape" ha proporcionado una exploración exhaustiva del mundo multifacético del marketing, profundizando en los principios clave, estrategias, herramientas y tendencias futuras que están dando forma a la industria. Al examinar estos diversos aspectos del marketing, este libro ha tenido como objetivo equipar a los lectores con el conocimiento, las ideas y las mejores prácticas necesarias para sobresalir en este campo en rápida evolución.

A lo largo del libro, hemos explorado los componentes fundamentales del marketing, desde la comprensión de la mezcla de marketing, la segmentación del mercado y la orientación, hasta el posicionamiento y la diferenciación, y la construcción de una fuerte identidad de marca. También hemos examinado el papel esencial del comportamiento del consumidor en el marketing, discutiendo los factores que influyen en las elecciones del consumidor y cómo los especialistas en marketing pueden aprovechar estos conocimientos para crear campañas más efectivas.

Además, el libro ha profundizado en la importancia de elaborar estrategias de marketing convincentes y utilizar la narración de historias como una herramienta poderosa para conectarse con el público. Los capítulos sobre el dominio del marketing digital y las decisiones de marketing basadas en datos han destacado el papel fundamental que desempeña la tecnología en el marketing moderno, discutiendo las diversas herramientas y técnicas disponibles para los especialistas en marketing para llegar e involucrar a los clientes en la era digital.

Además, hemos cubierto el arte de crear campañas de marketing exitosas y la importancia de construir relaciones a largo plazo con los clientes a través de estrategias de CRM, personalización y programas de lealtad. El libro también ha abordado la importancia de las prácticas éticas de marketing, enfatizando la necesidad de que los especialistas en marketing prioricen la transparencia, la autenticidad y la responsabilidad social en sus esfuerzos.

Por último, hemos discutido las tendencias futuras en marketing, incluido el creciente papel de la inteligencia artificial, la realidad aumentada y virtual, el marketing de voz y conversacional, y la importancia de prepararse para estas tecnologías y prácticas emergentes. Al mantenerse informados, fomentar una cultura de innovación, adoptar nuevas tecnologías, centrarse en el cliente y comprometerse con prácticas éticas y sostenibles, los especialistas en marketing pueden navegar con éxito en el panorama de marketing en constante cambio e impulsar el éxito continuo de sus marcas.

En un mundo donde el marketing está en constante evolución, este libro sirve como un recurso valioso para los vendedores nuevos y experimentados, proporcionando una guía completa para navegar por las complejidades de la industria. Al dominar las estrategias, herramientas y técnicas descritas en este libro, los lectores estarán bien preparados para enfrentar los desafíos y aprovechar las oportunidades que presenta el dinámico mundo del marketing, lo que en última instancia les permitirá crear campañas de marketing significativas, impactantes y exitosas que resuenen con sus audiencias objetivo e impulsen el crecimiento del negocio.

Esperamos que "El arte del marketing" lo haya inspirado y empoderado para abrazar las infinitas posibilidades que el marketing tiene para ofrecer, y lo alentamos a utilizar el conocimiento y las ideas obtenidas de este libro para refinar continuamente sus habilidades de marketing, ampliar los límites de la innovación y contribuir a dar forma al futuro de esta industria emocionante y en constante evolución.

NOTAS:

NOTAS:

NOTAS:

NOTAS:

NOTAS:

NOTAS: